AF617949

Kartell- und Regulierungsrecht

herausgegeben von

Prof. Dr. Torsten Körber, LL.M. (Berkeley)
Prof. Dr. iur. Dr. rer. pol. Dres. h.c. Franz Jürgen Säcker
Prof. Dr. Matthias Schmidt-Preuß

Band 32

Torsten Körber | Ulrich Immenga (Hrsg.)

Innovation im Kartellrecht – Innovation des Kartellrechts

Referate der 2. Kölner Kartellrechtsgespräche vom 26. Juni 2019

Nomos

Onlineversion
Nomos eLibrary

Die Deutsche Nationalbibliothek verzeichnet diese Publikation in der Deutschen Nationalbibliografie; detaillierte bibliografische Daten sind im Internet über http://dnb.d-nb.de abrufbar.

ISBN 978-3-8487-6735-9 (Print)
ISBN 978-3-7489-0807-4 (ePDF)

1. Auflage 2020

Vorwort

Die 2. Kölner Kartellrechtsgespräche standen im Zeichen der Innovation im Kartellrecht und – im Vorgriff auf die 10. GWB-Novelle – der Innovation des Kartellrechts.

Die Auswirkung von Zusammenschlüssen auf die Innovation war lange Zeit nur ein Faktor bei der Bewertung des Wettbewerbs auf Produktmärkten. In jüngerer Zeit hat der Innovationswettbewerb eigenständige Bedeutung gewonnen. In den Fusionskontroll-Entscheidungen *Dow/DuPont* und *Bayer/Monsanto* hat die Europäische Kommission eine neue Schadenstheorie entwickelt, die in vielen Punkten der Erklärung und Präzisierung bedarf. Die neue Schadenstheorie wurde vonseiten der Kommission vorgestellt und seitens der Wissenschaft und Praxis kritisch gewürdigt.

Zugleich ist auch das Kartellrecht selbst einem erheblichen „Innovationsdruck" ausgesetzt. Die 9. GWB-Novelle liegt weniger als zwei Jahre zurück. Die 10. GWB-Novelle steht vor der Tür. Neben der Umsetzung der ECN-Plus-Richtlinie steht auch hier die Frage im Mittelpunkt, wie das Kartellrecht materiell und institutionell fit für die dynamische, digitale Rechtswirklichkeit des 21. Jahrhundert gemacht werden kann. Die angestrebten Änderungen wurden seitens des Bundesministeriums für Wirtschaft und Energie vorgestellt und aus der Sicht des Bundeskartellamtes und der Anwaltschaft beleuchtet. Der abschließende anwaltliche Vortrag warf darüber hinaus ein Schlaglicht auf das Verhältnis von Kartellrecht und Datenschutz anhand der *Facebook*-Entscheidung des Bundeskartellamtes.

Die Referate der Tagung sowie ein Tagungsbericht sind in diesem Band zusammengetragen. Dank gebührt neben den Referentinnen und Referenten der Sozietät WilmerHale für die Förderung der Tagung und dieses Tagungsbandes sowie den Mitarbeiterinnen und Mitarbeitern des Lehrstuhls Körber für die Organisation und Durchführung der Tagung.

Köln/Göttingen, im Dezember 2019

Prof. Dr. Torsten Körber, LL.M.
Prof. Dr. Dr. h.c. Ulrich Immenga

Inhalt

Fusionskontrolle und Innovation aus Unternehmenssicht[1]

Dr. Paul Fort, Bayer AG

I. Einleitung

Neben den bekannten nicht-koordinierten (und koordinierten) Wirkungen, die ein Zusammenschluss von Unternehmen, die entweder im aktuellen oder potentiellen Wettbewerb stehen[2] auslösen kann, untersucht die Kommission seit einiger Zeit auch, inwiefern Zusammenschlüsse sich auf (i) den (zukünftigen) Wettbewerb in sog. Innovationsräumen[3] und/oder (ii) die Innovationskraft eines gesamten Industriezweigs[4] auswirken kön-

1 Die in diese vertretenen Ansichten sind die persönlichen Ansichten des Verfassers.

2 Europäische Kommission, Leitlinien zur Bewertung horizontaler Zusammenschlüsse, 2004/C 31/03 (Im Folgenden: Horizontalleitlinien), Rn. 24 ff., 36.

3 Europäische Kommission, Entsch. v. 27.3.2017, COMP/M.7932, Rn. 1955, 3056 – *Dow/DuPont.*

4 Europäische Kommission, Entsch. v. 27.3.2017, COMP/M.7932, Rn. 1955, 3056 – *Dow/DuPont.*

nen. Angesichts der Unsicherheit, dem der Erfolg von Forschungs- und Entwicklung (F&E)-Tätigkeit unterliegt, stellt dieser Ansatz für Unternehmen eine besondere Herausforderung dar. Konkret stellt sich die Frage, wann ein Zusammenschluss zu einer erheblichen Behinderung wirksamen Wettbewerbs im Bereich der Innovation führen würde. Diese Frage müssen Unternehmen und ihre Berater notwendig vor einem Zusammenschluss mit einiger Sicherheit beantworten können, um abschätzen zu können, ob eine Untersagung oder weitreichende Auflagen drohen. Fehlt es an dieser Sicherheit, werden Unternehmen von Transaktionen Abstand nehmen, was im Ergebnis einen (unfreiwilligen) Verzicht auf die Ausübung von Grundrechten[5] darstellt. Im Folgenden sollen die Herausforderungen aus Unternehmenssicht näher beschrieben werden.

II. Praktische Auswirkungen in der Planungsphase

1. Identifikation von Problemfeldern im Innovationsraum

a) Begriff des Innovationsraums

Unternehmen sind durch die neuere Praxis der Kommission aufgefordert zu untersuchen, inwiefern ihr Zusammenschluss den Wettbewerb in Innovationsräumen negativ beeinflussen könnte. Die Kommission definiert Innovationsräume wie folgt:

> *Der Begriff "Innovationsräume" bezieht sich auf Räume, in denen Innovationswettbewerb stattfindet. Forschende Unternehmen entwickeln nicht Innovationen für alle Produktmärkte, die einen Industriebreich ausmachen. Sie führen auch keine zufälligen Innovationen durch, ohne auf bestimmte Räume innerhalb dieses Bereichs abzuzielen. Bei der Organisation ihrer Innovationsfähigkeiten und der Durchführung ihrer Forschung haben forschende Unternehmen spezifische Forschungsziele. In frühen Forschungsphasen im Pflanzenschutz bestehen diese Räume aus einem bestimmten Zielschädling (oder Schädlingsgruppe) und betroffenen Pflanzensorten. Für Pflanzeneigenschaften bestehen diese Ziele demgegenüber aus einer spezifischen Funktio-*

---

5 Zur grundrechtlichen Verankerung der Möglichkeit externen Unternehmenswachstums siehe *Scholz*, in Maunz/Dürig, Grundgesetz-Kommentar, Art. 12 Rn. 194 ff., Werkstand: 87. EL März 2019.

nalität (z. B. Unkrautbekämpfung) und, je nachdem, wie weit die Forschung fortgeschritten ist, einer bestimmten Pflanzensorte.[6]

Die Kommission prüft, inwiefern es zu Überschneidungen zwischen Forschungslinien und Projekten in früher Entwicklungsphase, die einen Innovationsraum ausmachen, kommt.[7] Forschungslinien definiert die Kommission als eine Gruppe von Forschern, Patenten, Vermögenswerten, Vorrichtungen und (für den Pflanzenschutz) chemischen Klassen, die einem bestimmten Forschungsziel gewidmet sind, deren Zusammenwirken zu Wirkstoffkandidaten führt, die einen bestimmten Innovationsraum adressieren.[8]

Die Definition des Innovationsraums führt dazu, dass jeder Zusammenschluss von Unternehmen, die im selben Industriesegment tätig sind – ohne dass sie notwendig Wettbewerber auf herkömmlich definierten Märkten wären – zu einer mehr oder minder großen Zahl von Überschneidungen führen wird. „Konkrete Forschungsziele", die in der Praxis eher konkrete Wunschvorstellungen am Anfang eines Forschungsprojektes sind, werden von Unternehmen nämlich im Hinblick auf Kundenwünsche/-bedürfnisse formuliert. Bewegt man sich in einem bestimmten Segment, werden die Wünsche und Bedürfnisse dieser Kunden relativ ähnlich sein, so dass es kaum verwundert, dass Unternehmen überlappende Forschungsziele haben. Sie werden oftmals auch ähnliche Wege beschreiten, um diese Ziele umzusetzen, da bestehende Patente und regulatorische Hürden oft nur wenig Spielraum erlauben. Der Begriff ist damit so weit, dass er untauglich ist, Unternehmen in die Lage zu versetzen, abschließend zu bestimmen, welche Innovationsräume sie im Einzelnen besetzen. Im Ergebnis führt er dazu, dass bei horizontalen Zusammenschlüssen eine beliebig hohe Anzahl von Innovationsräumen betroffen sein können.

Auch der Begriff der Forschungslinie ist nicht geeignet, Unternehmen Erkenntnisse über Innovationsräume zu vermitteln. Eine derartige Ansammlung von Personen und Sachmitteln ist nur schwer zu identifizieren, da Forscher zu verschiedenen Zeitpunkten an verschiedenen Projekten arbeiten. Dementsprechend verspricht auch der Blick in die Organigramme

---

6 Europäische Kommission, Entsch. v. 21.3.2018, COMP/M.8084, Rn. 80 (Fn. 23) – *Bayer/Monsanto*.

7 Europäische Kommission, Entsch. v. 27.3.2017, COMP/M.7932, Rn. 1957 – *Dow/DuPont*.

8 Europäische Kommission, Entsch. v. 27.3.2017, COMP/M.7932, Rn. 1958 – *Dow/DuPont*.

der Unternehmen keinen Erfolg bei der Beantwortung der Frage nach den Innovationsräumen.

b) Ermittlung von (relevanten) Überschneidungen

Können fusionierende Wettbewerber mit eigenen Forschungstätigkeiten entsprechend mit einiger Wahrscheinlichkeit davon ausgehen, dass sie sich in mehreren Innovationsräumen begegnen, stellt sich im nächsten Schritt die Frage nach Ermittlung von Art und Umfang des (möglichen) Problems.

(1) Datensammlung

Schließen sich zwei Unternehmen zusammen, die auf bestimmten Märkten im aktuellen Wettbewerb stehen, gibt es mehrere Punkte, die man anführen kann, um darzulegen, dass die Transaktion nicht zu einer erheblichen Behinderung wirksamen Wettbewerbs führen würde. So lässt sich ggf. anführen, dass die Marktanteile der beteiligten Unternehmen niedrig sind oder stetig fallen, sich ein nur geringer Marktanteilszuwachs ergibt[9], die Unternehmen nicht die nächsten Wettbewerber sind[10], keine hohen Wechselhürden für Kunden bestehen[11], Wettbewerber der Zusammenschlussbeteiligten hinreichende Kapazitäten haben, um den Markt für den Fall von Preiserhöhungen seitens der fusionierenden Unternehmen zu versorgen[12] oder dass mangels entsprechender Pipeline-Produkte keine negativen Auswirkungen auf die Innovationsanreize für das zukünftige Unternehmen zu erwarten sind[13].

Was diese Punkte miteinander verbindet ist der Umstand, dass sie mehr oder minder genau empirisch belegt werden können, sowohl für die beteiligten Unternehmen als auch für die Kartellbehörde. Bei Überschneidungen in Innovationsräumen fehlt es jedoch vor allem für die Unternehmen an Datenpunkten, an denen sie sich orientieren können. Denn in der Regel werden gerade frühe Forschungsprojekte streng geheim gehalten, um

9 Vgl. Horizontalleitlinien, Rn. 20.
10 Vgl. Horizontalleitlinien, Rn. 28.
11 Vgl. Horizontalleitlinien, Rn. 31.
12 Vgl. Horizontalleitlinien, Rn. 33.
13 Vgl. Horizontalleitlinien, Rn. 33.

einerseits Nachahmungen zu verhindern und die Patentierbarkeit von Erfindungen zu wahren, andererseits aber auch, um sich im Einklang mit den Wettbewerbsregeln zu verhalten.[14] So sind in der Veterinärmedizin, aber auch im Pflanzenschutz die frühen Forschungsaktivitäten der Wettbewerber intransparent, was auch für viele andere Industriezweige gilt. Dieses Informationsdefizit lässt sich auch nicht durch einen Informationsaustausch im Vorfeld der Transaktion im Rahmen sog. Clean Teams beheben. Ein solcher Austausch kann zwar Überschneidungen der Forschungsbemühungen der beteiligten Unternehmen ausloten, nicht aber, wie viele weitere konkurrierende Aktivitäten von welcher Qualität es gibt. Ferner schließt das Clean Team Konzept aus, dass Fachleute sich über die Forschungsaktivitäten unterhalten, so dass wichtige Detailfragen unerörtert bleiben. Schließlich fürchtet man vor Abschluss einer Transaktion die Situation, dass man einem möglichen Erwerber die eigene Pipeline offengelegt hat, die Transaktion dann aber scheitert und man durch die einseitige Offenlegung einen erheblichen Wettbewerbsnachteil erleidet. Dementsprechend wird gerade auf Seiten des Zielunternehmens die Bereitschaft, dem möglichen Erwerber Zugang zu Forschungsergebnissen zu gewähren, begrenzt sein.

Eine Ausnahme zur Intransparenz der (frühen) Forschungsbemühungen bildet die pharmazeutische Industrie. Aufgrund der transparenten Innovationstätigkeit lassen sich Überschneidungen sowohl für die Parteien als auch die Behörden gut identifizieren. Entsprechend leicht lässt sich das Wettbewerbsfeld bestimmen. So lässt sich etwa für ein Phase I Projekt in der onkologischen Forschung ohne weiteres bestimmen, welchen Wirkmechanismus das spätere Krebsmedikament haben wird.[15] Ergibt sich, dass die Zusammenschlussbeteiligten zwei von drei entsprechenden Projekten betreiben, scheint der Schluss der Kommission, dass eines der beiden Projekte gefährdet ist[16], nicht ganz abwegig. Auch wenn man der Kommission vorwerfen kann, die große Unsicherheit bei der Verwirklichung von Pharmaprojekten nicht hinreichend zu berücksichtigen, ist in dieser Konstellation ein wichtiger Punkt für Unternehmen gewährleistet: aufgrund

14 Europäische Kommission, Leitlinien zur Anwendbarkeit von Artikel 101 des Vertrags über die Arbeitsweise der Europäischen Union auf Vereinbarungen über horizontale Zusammenarbeit, 2011/C 11/01, Rn. 86; F&E-Programme als strategische Informationen, deren Austausch problematisch sein kann.

15 Europäische Kommission, Entsch. v. 20.1.2015, COMP/M.7275, Rn. 90 - *Novartis/GlaxoSmithKline Oncology Business*.

16 Europäische Kommission, Entsch. v. 20.1.2015, COMP/M.7275, Rn. 104 ff. - *Novartis/GlaxoSmithKline Oncology Business*.

verfügbarer Daten können Überschneidungen und Wettbewerberfeld erkannt werden und entweder Gegenargumente entwickelt oder aber eine Verkaufszusage vorbereitet werden.

Die Kommission könnte einwenden, dass sie für den Bereich des Pflanzenschutzes durch die Berücksichtigung der Anzahl und des Alters der zitierten Patente eine öffentlich zugängliche Quelle nutzt, die Aufschluss über die Bedeutung der Unternehmen in einem Innovationsraum gibt.[17] Dabei darf aber nicht außer Acht gelassen werden, dass (i) die Methoden zur Bewertung von Patenten hochgradig umstritten sind[18], (ii) die Kommission dazu tendiert, Zeiträume zu betrachten, deren Datenlage ihre Auffassung stützt, auch wenn es gewichtige Gegenargumente gegen die Betrachtung gerade dieses Zeitraums gibt[19] und (iii) auch eine große Anzahl von Patenten keinen Wert hat, wenn sie kein gewinnträchtiges Produkt schützten.[20]

(2) Interne Unterlagen

Interne Unterlagen spielten in den beiden Transaktionen *Dow/DuPont* und *Bayer/Monsanto* eine sehr große Rolle. Dabei geht es neben den nach Ziffer 5.4 der Form CO vorzulegenden Vorstandspräsentationen und sonstiger Dokumente, die im Hinblick auf die Transaktion entworfen wurden, auch um Unterlagen, die im normalen Geschäftsgang entstanden sind. Aus diesen internen Unterlagen leitet die Kommission insbesondere wichtige Erkenntnisse zu Forschungszielen der Unternehmen sowie Anreizen für Wettbewerb ab.[21]

Aus Unternehmenssicht birgt dieses Vorgehen die Gefahr, dass bestimmte (Fehl-)Annahmen der Kommission den Blick auf den objektiven Gehalt der Unterlagen verstellen. Die Kommission geht zum Beispiel davon aus, dass in der Pflanzenschutzforschung schon bei Beginn der Ent-

---

17 Europäische Kommission, Entsch. v. 21.3.2018, COMP/M.8084, Rn. 22 ff. – *Bayer/ Monsanto.*

18 *Petit*, Significant Impediment to Industry Innovation: A Novel Theory of Harm in EU Merger Control?, ICLE Antitrust & Consumer Protection Research Program, White Paper 2017-1, S. 18f.

19 Europäische Kommission, Annex 1 zur Entsch. v. 21.3.2018, COMP/M.8084, Rn. 106 ff. – *Bayer/Monsanto.*

20 *Petit,* a.a.O., S. 18.

21 Vgl. Europäische Kommission, Entsch. v. 21.3.2018, COMP/M.8084, Rn. 1010, 1026 –*Bayer/Monsanto*

wicklungsphase eine sehr hohe Wahrscheinlichkeit besteht, dass ein Pflanzenschutzmittel auf den Markt kommt, wenn auch erst mit mehreren Jahren Verzögerung.[22] Diese Sichtweise führt für diesen Industriezweig dazu, dass jedes Projekt, das in den unternehmensinternen Übersichten als Entwicklungsprojekt geführt wird, als Bestandteil des jeweiligen Innovationsraums anzusehen ist. Anders als in der pharmazeutischen Industrie gibt es aber im Pflanzenschutz keine einheitlichen Standards, wie Forschungs- und Entwicklungsphasen definiert sind. Folglich ist es weitgehend der Interpretation der Kommission überlassen, interne Unterlagen der Unternehmen im Hinblick auf zukünftige Überschneidungen zu lesen und zu interpretieren. Wollte man sich als Unternehmen entsprechend wappnen, müsste man sich im Vorfeld einer Transaktion über tausende wettbewerblich hoch vertrauliche Unterlagen austauschen, was erheblichen Bedenken unter Art. 101 AEUV begegnete und ganz erheblichen Aufwand bedeutete (freilich scheint der Kommission der Aufwand auf Unternehmensseite gleichgültig zu sein).

Selbst ein solches Unterfangen wäre aber nur von begrenztem Erfolg, da man nicht ausschließen kann, dass eine Behörde die Unterlagen anders auswählt und liest als ein Unternehmen das täte. Insoweit sei nur auf den Vortrag der Parteien in der *Dow/DuPont*-Entscheidung verwiesen, wonach die Kommission sich angeblich auf eine sehr kleine Anzahl interner Dokumente konzentriert hat, deren Aussagen sie aus dem Zusammenhang gerissen hat und welche die Annahmen der Kommission nicht stützten.[23] Inwiefern diese Charakterisierung zutreffend ist, kann an dieser Stelle nicht bewertet werden, aber es leuchtet ein, dass Aussagen in Dokumenten, die für unternehmensinterne Fachgremien erstellt wurden, im Lichte einer kartellrechtlichen Betrachtung unterschiedlichen Wertungen zugänglich sind. So wird eine junge Führungskraft das Forschungsprojekt ihrer Abteilung möglichst positiv darstellen wollen, um die Finanzierung des Projektes sicherzustellen. Da derartige Präsentationen in der Regel nicht in der Annahme gestaltet werden, dass eine Behörde sich dieses Dokument ansehen wird, haben sie für die Kommission besondere Beweiskraft.[24] Das ist zunächst einleuchtend, da Präsentationen zu der konkreten Transaktion in der Regel von Anwälten um missverständliche Aussagen bereinigt werden.

---

22 Europäische Kommission, Entsch. v. 27.3.2017, COMP/M.7932, Rn. 297f. – *Dow/DuPont.*

23 Europäische Kommission, Entsch. v. 27.3.2017, COMP/M.7932, Rn. 446. – *Dow/DuPont.*

24 Europäische Kommission, Entsch. v. 27.3.2017, COMP/M.7932, Rn. 46. – *Dow/DuPont.*

Wenn aber die Kommission ausführt, dass sie auch den Kontext der internen Unterlage berücksichtigt[25], bestehen Zweifel, ob das eine ganzheitliche Betrachtung umfasst, also auch „entlastende“ Aspekte wie der Kampf um das Budget oder eine forsche Unternehmenskultur gewürdigt werden.

c) Zwischenergebnis

Ein Sportberichterstatter würde formulieren, dass ein Innovationsraum „schwer zu verteidigen“ ist: seine Konturen sind amorph und die Datengrundlage für eine Betrachtung im Vorfeld ist entweder nicht vorhanden oder kaum von einem Unternehmen alleine darzustellen. Damit wird die für Unternehmen entscheidende Planbarkeit unterminiert. Gerade angesichts der sehr hohen Kosten und der immensen Belastung für die Organisation, die mit einem langwierigen Fusionskontrollverfahren verbunden sind, ist dies für Unternehmen kaum akzeptabel.

2. Ermittlung von industrieweiten Auswirkungen

Die Besonderheit des *Dow/DuPont*-Verfahrens lag insbesondere in der Annahme der Kommission, dass die Innovationskraft der gesamten Brache durch den Zusammenschluss geschwächt würde.[26] Grob vereinfachend wurde dargelegt, dass (i) es neben den beiden fusionierenden Unternehmen nur drei echte voll integrierte F&E-Unternehmen gibt und (ii) neben den F&E-Aktivitäten der beiden beteiligten Unternehmens auch diejenigen der verbleibenden Wettbewerber erfahrungsgemäß abgeschwächt würden. Entscheidend ist dabei die These, dass Konsolidierung zu einem Rückgang der Einführung neuartiger Produkte führt.[27]

Für eine umfassende Bewertung der Frage, ob sich durch eine angedachte Transaktion vergleichbare industrieweite Implikationen ergeben, muss ein Unternehmen entsprechend prüfen, welche seiner Mitbewerber als vollwertige Quelle von Forschung und Entwicklung gelten können und wie sich das Gesamtaufkommen an neuartigen Produkten über einen

---

25 A.a.O.

26 Europäische Kommission, Entsch. v. 27.3.2017, COMP/M.7932, Rn. 3054 ff. – *Dow/DuPont*.

27 Europäische Kommission, Entsch. v. 27.3.2017, COMP/M.7932, Rn. 3242 – *Dow/DuPont*.

mehrjährigen Zeitraum entwickelt hat.[28] Möchte man sich gegen den Vorwurf wehren, das Ende der Forschung und Entwicklung in seinem Industriesegment eingeläutet zu haben, müsste man gleichzeitig die Vermutung widerlegen, dass der Zusammenschluss zu einem Absinken des F&E-Niveaus in der Brache führt. Das lässt sich schlichtweg nicht darstellen. Betrachtet man in diesem Zusammenhang die weitgehenden Auflagen für Dow/DuPont, welche einen Verkauf der F&E-Aktivitäten von DuPont vorsahen, ist dies problematisch. Es scheint nicht völlig abwegig, dass die Vorstände der beiden Unternehmen von der Transaktion Abstand genommen hätten, wenn sie gewusst hätten, welche Bedenken die Kommission entwickeln würde.

3. *Abhilfemöglichkeiten*

a) *Argumentative Einwände*

Die zentrale These der Kommission, wonach weniger Innovationswettbewerber auch ein Weniger an Innovation bedeuten, ist nicht unumstritten.[29] So lässt sich auch vertreten, dass eine Vielzahl an konkurrierenden Innovatoren dazu führt, dass die Anreize für das einzelne Unternehmen sinken: entwickeln zwei Unternehmen ein neues Produkt mit ähnlichen Eigenschaften, müssen sie sich den Innovationsgewinn teilen, während das kombinierte Unternehmen den Gewinn aus der Innovation ganz für sich vereinnahmen könnten. Die Vertreter von *Dow/DuPont* hatten – ohne Erfolg – zum Thema der Zurechenbarkeit von Innovationen umfassend vorgetragen.[30]

Es ist schwer vorstellbar, dass sich die Kommission von ihrer Grundthese, dass Zusammenschlüsse zwischen F&E-Wettbewerbern im Zweifel weniger Innovation bedeuten, abbringen lässt. Für die Unternehmenspraxis entscheidender wäre, ob sich die Kommission bereit zeigt, auf Fragen der Effizienz einzugehen. Insbesondere das Zusammenführen von komplementären Fertigkeiten oder den besten Forscherinnen und Forscher kann

---

28 Im Verfahren *Dow/DuPont* waren die im Rahmen der Marktuntersuchung befragten Unternehmen aufgefordert, ihre F&E Aktivitäten nach Zahlen über einen Zeitraum von 20 Jahren offenzulegen.

29 Vgl. Monopolkommission, XXII. Hauptgutachten, 3. Juli 2018, Rn. 716. *Petit*, a.a.O., S. 21f.

30 Europäische Kommission, Entsch. v. 27.3.2017, COMP/M.7932, Annex IV, Rn. 24ff. – *Dow/DuPont*.

dazu führen, dass ein quantitatives Minus durch ein qualitatives Plus an Innovation ausgeglichen wird. Die Kommission stellt jedoch seit jeher hohe Anforderungen an den Effizienzvortrag der Parteien und diese Anforderungen sind im Hinblick auf Innovationen noch höher.[31] Wie die Kommission in der Entscheidung *Dow/DuPont* selber feststellt, beruhen die von den Parteien behaupteten Effizienzgewinne auf zukünftigen Entscheidungen der Parteien sowie einem tiefen Verständnis ihrer Fertigkeiten und den Mechanismen der Industrie und ihrer Dynamik und seien deshalb für die Kommission schwer nachzuvollziehen. Ferner bemängelt sie das Fehlen konkreter Beweise für die Planung der Effizienzgewinne und in welchem Grad sie die Produktivität des zukünftigen Unternehmens steigern würde.[32] Vergleicht man diese Anforderungen mit denen, welche die Kommission an sich selbst stellt, um eine wesentliche Behinderung wirksamen Wettbewerbs festzustellen (dazu unter III.), ergibt sich eine fragwürdige Diskrepanz zu Lasten der Unternehmen. Für die Zwecke dieser Abhandlung soll der Hinweis genügen, dass ein argumentativer/inhaltlicher Vortrag im Hinblick auf Innovationsräume nach den in den relevanten Verfahren dokumentierten Erfahrungen kaum Aussicht auf Erfolg hat.

b) Abhilfemaßnahmen

Nach dem Vorstehenden wird man in der Regel nicht umhinkommen, Abhilfemaßnahmen anzubieten, um die Bedenken der Kommission hinsichtlich des Innovationswettbewerbs auszuräumen. Wie viele andere Wettbewerbsbehörden bevorzugt die Kommission strukturelle Maßnahmen, insbesondere die Veräußerung eines Geschäfts.[33] Dabei muss es sich um ein „ein lebensfähiges Geschäft handeln, das in den Händen eines geeigneten Erwerbers auf Dauer wirksam mit dem durch die Fusion entstandenen Unternehmen konkurrieren kann und das als arbeitendes Unternehmen ver-

---

31 Vgl. Monopolkommission, XXII. Hauptgutachten, 3. Juli 2018, Rn. 717 zu den besonderen Herausforderungen des Nachweises von Effizienzgewinnen im Bereich der Innovation.

32 Europäische Kommission, Entsch. v. 27.3.2017, COMP/M.7932, Rn. 3280 – *Dow/ DuPont*.

33 Europäische Kommission, Mitteilung der Kommission über nach der Verordnung (EG) Nr. 139/2004 des Rates und der Verordnung (EG) Nr. 802/2004 der Kommission zulässige Abhilfemaßnahmen, Rn. 22.

äußert wird".[34] Erhebt die Kommission Bedenken im Zusammenhang mit dem Innovationswettbewerb, müssen sowohl der Zuschnitt des Geschäfts als auch der Erwerber die Innovationsfähigkeit gewährleisten. Für den Zuschnitt des Geschäfts kann es entsprechend der Vorgaben der Kommission erforderlich sein, ganze F&E-Organisationen zu verkaufen (*Dow/DuPont*[35]). Derartige umfassende Verkäufe engen aufgrund der damit verbundenen finanziellen und personellen Belastungen den ohnehin oft beschränkten Erwerberkreis weiter ein. Grundsätzlich muss der Erwerber von den beteiligten Unternehmen unabhängig sein, über die notwendigen finanziellen und personellen Ressourcen verfügen und darf selber keine problematische Marktposition innehaben.[36] Um wirksamen Innovationswettbewerb herzustellen, werden oft nur sehr wenige Unternehmen in Betracht kommen. So konnte FMC das abzugebende DuPont-Pflanzenschutzgeschäft nur erwerben, weil FMC einerseits nicht zu den großen integrierten F&E-Unternehmen gehörte, andererseits aber vor der Transaktion auch im Bereich F&E (und nicht nur als Anbieter von Generika) tätig war und mit dieser Transaktion wieder in den Kreis der F&E-Unternehmen einsteigen wollte. Gleichzeitig wurde auch die Transaktion *FMC/DuPont Divestment Business* nur unter Auflagen freigegeben.[37] Dies verdeutlicht, dass man neben einem weitreichenden Zuschnitt des abzugebenden Geschäfts auch damit rechnen muss, dass Transaktionen scheitern, weil sich kein geeigneter Käufer findet. Zwar besteht diese Gefahr immer, doch ist sie angesichts der für Unternehmen schwer zu prognostizierenden Innovationsproblematik kaum zu bändigen, etwa durch frühe Ansprache möglicher Käufer oder paralleler Vorbereitung eines Börsengangs.

---

34 Europäische Kommission, Mitteilung der Kommission über nach der Verordnung (EG) Nr. 139/2004 des Rates und der Verordnung (EG) Nr. 802/2004 der Kommission zulässige Abhilfemaßnahmen, Rn. 23.

35 Pressemitteilung der Europäischen Kommission vom 27.3. 2018, https://europa.eu/rapid/press-release_IP-17-772_en.htm.

36 Europäische Kommission, Mitteilung der Kommission über nach der Verordnung (EG) Nr. 139/2004 des Rates und der Verordnung (EG) Nr. 802/2004 der Kommission zulässige Abhilfemaßnahmen. 48.

37 Europäische Kommission, Entsch. v. 27.7.2017, COMP/M.8435 - *FMC/DuPont Divestment Business.*

III. Inhaltliche Bewertung

Das zentrale Problem der Figur des Innovationsraums ist, dass sie der Kommission relativ leicht zu erlauben scheint, ein Problem zu identifizieren, das eine erhebliche Behinderung wirksamen Wettbewerbs darstellt. Nach der *Tetra-Laval*-Entscheidung muss die Kommission sehr gründlich untersuchen, welche Veränderungen der Wettbewerbsparameter die Transaktion wahrscheinlich herbeiführen wird und inwiefern sich daraus eine erhebliche Behinderung wirksamen Wettbewerbs ergibt. Sie muss dabei den wahrscheinlichsten Ursache-Wirkung-Zusammenhang zugrunde legen.[38] Es ist fraglich, ob die Kommission in ihrem Bemühen, den Innovationswettbewerb zu schützen, diesen Anforderungen genügt, insbesondere hinsichtlich des Kausalzusammenhangs zwischen der Veränderung der Parameter und der wahrscheinlichen Behinderung. So stellt die Kommission im Hinblick auf den Zusammenschluss *Bayer/Monsanto* fest, dass insbesondere dann, wenn die beiden Unternehmen den gleichen Wirkmechanismus erforschen, es wahrscheinlich sei, dass Forschungslinien eingestellt, verzögert oder umgeleitet werden, auch wenn die Kommission die Einzelheiten dieser innovationsbeschränkenden Maßnahmen nicht bestimmen könne.[39] Die Kommission geht davon aus, dass die wirtschaftliche Logik diktiert, dass man eines von zwei Projekten mit gleichem technischen Profil und gleicher Zeitleiste einstellt, verzögert oder neu einstellt[40]. Im konkreten Fall *Bayer/Monsanto* ging sie davon aus, dass die Anreize für Bayer, den Bereich Totalherbizide zu erforschen, durch die Übernahme von Monsanto und insbesondere Glyphosat erheblich verändert würden – Bayer würde seine Forschung in den Dienst dieses Produktes stellen anstelle es herauszufordern.[41] In den Unterlagen der Parteien fanden sich keine Hinweise, dass man das Totalherbizid-Projekt von Monsanto beenden wollte. Bayer musste dennoch, neben dem unmittelbaren Glyphosat-Konkurrenten Glufosinat Ammonium, drei Forschungslinien zu Totalherbiziden abgeben. Allein die Tatsache, dass Bayer als Hersteller eines Totalherbizids drei Forschungslinien zu Totalherbiziden hatte, hätte den Schluss erlaubt,

---

38 EuGH, Urteil vom 15. Februar 2005, *Kommission/Tetra Laval*, C-12/03 P, EU:C:2005:87, Rn. 42 f.

39 Europäische Kommission, Entsch. v. 21.3.2018, COMP/M.8084, Rn. 1696 ff., ähnlich in 1710 f. – *Bayer/Monsanto*; ebenfalls ähnlich in Europäische Kommission, Entsch. v. 27.3.2017, COMP/M.7932, Rn. 3025 – *Dow/DuPont*.

40 Europäische Kommission, Entsch. v. 21.3.2018, COMP/M.8084, Rn. 1729 – *Bayer/Monsanto*.

41 A.a.O., Rn. 1732.

dass eine Fortführung der Monsanto-Aktivitäten nicht unwahrscheinlicher als deren Einstellung gewesen wäre. Dies gilt umso mehr, als dass, wie die Kommission in ihrer *Dow/DuPont*-Entscheidung selbst feststellte[42], Sumitomo die F&E-Aktivitäten im Hinblick auf das zu entwickelnde Totalherbizid führte und nicht Monsanto - ein Unternehmen, das, wie die Kommission ebenfalls feststellte, weitestgehend aus der Pflanzenschutzforschung ausgestiegen war.[43] Insofern hätte ohnehin nur eine unvollkommene Doppelung der Aktivitäten vorgelegen. Zudem hat die Kommission den besonderen Druck auf das Produkt Glyphosat nicht berücksichtigt. Neben den gesellschaftlichen und davon motivierten behördlichen Einwänden gegen das Produkt, die zwar ohne wissenschaftliche Grundlage sind, aber nichtsdestotrotz vorhanden waren und sind, gibt es zahlreiche gegen Glyphosat resistente Unkräuter, so dass eine Alternative unerlässlich ist. Zumindest diese politische Sonderstellung von Glyphosat, die keinem Produkt im Portfolio von Dow und DuPont zukam, wurde von der Kommission nicht eingehend gewürdigt.

Die besondere Herausforderung für Unternehmen liegt aber auch in der Weite der Eingriffsformel der Kommission – „delay, discontinue or reorient“– innerhalb derer das „reorient“ als Auffangtatbestand fungiert: *The Commission considers it likely for the reasons provided in the present Section that Bayer – having access to this new information after closing of the Transaction – would at least reorient its innovation efforts in NSH in light of Monsanto's glyphosate franchise*.[44] Anders als die Begriffe "delay" und "discontinue" hat der Begriff "reorient" keine negative Konnotation, zumindest findet sich in den Entscheidungen keine entsprechende Definition, was hierunter konkret zu verstehen ist. Negativ könnte man argumentieren, dass eine „Reorientierung“ jedenfalls dann nicht stattfindet, wenn die Forschungsaktivitäten der Unternehmen unverändert fortgeführt werden. Ein solches Szenario ist aber hochgradig unwahrscheinlich, insofern wird die Kommission mit dieser Formel immer zum Ziel kommen. Angesichts der Weite des „reorients“ trifft sie aber gerade keine Aussage über die Schädlichkeit dieses möglichen Verhaltens. Doch gerade dazu ist sie nach der *Tetra-Laval*-Entscheidung aufgefordert.

---

42 Europäische Kommission, Entsch. v. 27.3.2017, COMP/M.7932, Rn. 2240 – *Dow/DuPont*.

43 Europäische Kommission, Entsch. v. 27.3.2017, COMP/M.7932, Rn. 2232 ff. – *Dow/DuPont*.

44 Europäische Kommission, Entsch. v. 21.3.2018, COMP/M.8084, Rn. 1754 – *Bayer/Monsanto*.

Im Ergebnis führt die Kommission eine Art Gefährdungshaftung in der Fusionskontrolle ein, es scheint auszureichen, dass sie die Möglichkeit einer Reduktion, nach dem gerade Ausgeführten sogar nur Änderung von Innovationstätigkeit nachweist, ohne sie den Nachweis einer (wahrscheinlichen) erheblichen Behinderung führen muss. In Kombination mit den beschränkten Rechtsschutzmöglichkeiten in der europäischen Fusionskontrolle ergibt sich damit eine erhebliche Behinderung der Möglichkeiten externen Wachstums. Das Petitum aus Unternehmenssicht soll nicht sein, das jede Transaktion ohne oder nur mit begrenzten Auflagen freigegeben werden. Es muss vielmehr einen robusten, realistischen und transparenten Prüfungsrahmen für Innovationswettbewerb geben, der es Unternehmen erlaubt, rechtzeitig zu bestimmen, ob eine Transaktion grundlegenden wettbewerbsrechtlichen Bedenken begegnet.

Neue Schadenstheorie zu Innovationen in der Fusionskontrolle und rechtsstaatliche Gebote

Wolfgang Weiß, Speyer

A. Einleitung: Anlass

Anlass für die Behandlung der vorliegenden Fragestellung nach der rechtsstaatlichen Bewertung neuer Schadenstheorien in der Anwendung des Kartell-, insbesondere des Fusionskontrollrechts ist die Argumentation der Europäischen Kommission in den Fusionsfällen Dow/Du Pont[1] und Bayer/Monsanto[2]. In ihren Entscheidungen zu den beantragten Fusionen hat die Kommission die von den Fusionsvorhaben ausgehenden Beeinträchtigungen auf den Wettbewerb auch im Hinblick auf einen wirksamen Innovationswettbewerb gewürdigt und die Fusionen nur unter Bedingungen gerade auch im Hinblick auf Forschungs- und Entwicklungsaktivitäten erlaubt. Dow musste die weltweiten FuE Aktivitäten von DuPont nahezu vollständig veräußern, ferner Bayer einen nicht unerheblichen Teil seiner FuE Sparten im Bereich Gemüsesamen, Saatgut und Totalherbizide.[3] Auch

1 Beschluss vom 27.3.2017, M.7932 – Dow/DuPont.
2 Beschluss vom 21.3.2018, M.8084 – Bayer/Monsanto.
3 Vgl. Monopolkommission, XXII. Hauptgutachten 2018, Rn. 698, Fn. 229.

wenn bereits in früheren Entscheidungen eine Berücksichtigung von Auswirkung eines Zusammenschlusses auf Innovation auftritt, weil sie die Auswirkungen auf Innovation im Produktsektor bei ihrer wettbewerblichen Bewertung einbeziehen[4], hat die Argumentation der Kommission in diesen beiden Beschlüssen doch eine neue Dimension.

In der Literatur wurde die neue Argumentation als sog. „neue Schadenstheorie" bezeichnet. Der Argumentationsansatz der Kommission geht über die bisherige Betrachtung von Innovationsauswirkungen hinaus: Beachtet werden nicht nur die Auswirkungen auf die Innovation bezüglich konkreter, existierender oder in der Entwicklung befindlicher, sog. Pipeline-Produkte, sondern auch die Rückwirkungen der Fusion auf die Forschungslinien der beteiligten Unternehmen und deren früheste Vorstufen an Produkten („Entdeckungsphase")[5], aber auch – darüber nochmals hinausgehend - viel allgemeiner auf die allgemeinen Innovationsanreize auf der Industrieebene durch die bloße Reduzierung der Anzahl der Marktbeteiligten. Die Argumentation ist somit neu und geht über die bisherigen Betrachtungsweisen der Europäischen Kommission deutlich hinaus.[6]

Zwar haben die einschlägigen Fusionskontrollleitlinien, dh die Leitlinien der Kommission über horizontale Zusammenschlüsse bereits den Zusammenhang zwischen Innovation und Wettbewerb angesprochen[7], jedoch nur in sehr allgemeiner, pauschaler Weise (die Leitlinien bleiben weitgehend bei der Feststellung stehen, dass zunehmende Konzentration abhängig von der konkreten Konstellation auf Innovation negativ oder positiv wirken kann; Innovation kann ausgebremst, intensiviert oder die eventuell schädlichen Effekte einer Fusion können ihrerseits durch Innovation gemildert werden[8]; über diese Erkenntnisse zu Innovation ging auch das Weißbuch zur wirksameren Fusionskontrolle[9] nicht hinaus); es findet sich insoweit auch nichts hinsichtlich der konkreten Prüfungsschritte und Bewertungen, die die Kommission in Dow/DuPont anlegte. Frühere Entscheidungen der Kommission haben zwar auch die Folgen einer Fusion für

4 Vgl. Monopolkommission, XXII. Hauptgutachten 2018, Rn. 699.

5 Monopolkommission, XXII. Hauptgutachten 2018, Rn. 700.

6 Vgl. Spangler/Heppner, PharmR 2018, 522 (522): Die Kommission berücksichtige in Dow/DuPont „die Einschränkung des Innovationswettbewerbs in bisher beispiellosem Maße".

7 Leitlinien der Kommission zur Bewertung horizontaler Zusammenschlüsse gemäß der Ratsverordnung über die Kontrolle von Unternehmenszusammenschlüssen, ABl.EU 2004 C 31, 5, Tz. 8 und 38.

8 ABl.EU 2004 C 31, 5, Tz. 38.

9 COM(2014) 449 final, Rn. 14.

die Innovation betrachtet, so wurden bei den Fusionsvorhaben General Electric/Alstom und Intel/McAfee[10] Gefahren in Form eines Rückgangs an Innovation gesehen. In anderen Entscheidungen wurde Innovation als marktmachtrelativierend eingestuft.[11] Allerdings bezogen sich diese Entscheidungen auf konkrete Produkte oder Pipeline-Produkte, also zumindest bereits in der Entwicklung befindliche Produkte.[12]

Die Kommission untersuchte in ihren Entscheidungen Dow/DuPont und Bayer/Monsanto die Auswirkungen auf den Innovationswettbewerb deutlich umfangreicher und ausführlicher als je zuvor und legte recht spezifische Kriterien für die wettbewerbliche Beurteilung im Hinblick auf die Auswirkungen auf den Innovationswettbewerb fest.[13] Demnach ist bei einem Zusammenschluss von innovativen Konkurrenten mit absinkenden Innovationsanreizen zu rechnen. Dies ist bei Vorliegen bestimmter Umstände zu vermuten, insbesondere bei hohen Hürden für die Einrichtung einer FuE Abteilung in einem Sektor.[14] Das Vorliegen dieser Umstände hat die Kommission dann detailliert geprüft.[15] Weiterhin hat die Kommission die Rückwirkungen auf die Innovativität der beteiligten Unternehmen bezüglich bereits bestehender oder künftiger Produkte analysiert, also sowohl im Hinblick auf die Fortentwicklung existierender Produkte als auch bezüglich der Entwicklung und Entdeckung neuer Produkte durch entsprechende Forschungslinien auf demselben Produktmarkt.[16] Das geht über die Betrachtung von Innovationswettbewerb im Sinne von Wettbewerb, der über Produkt- und Prozessinnovationen in bestehenden Produktmärkten stattfindet (vom BKArtAmt als aktueller, innovationsgetrie-

10 Beschluss vom 08.09.2015, M.7278 — General Electric/ALSTOM (Thermal Power — Renewable Power & Grid business) und Beschluss vom 26.01.2011, M.5984 — Intel/McAfee.

11 Beschluss vom 03.10.2014, M.7217 — Facebook/WhatsApp.

12 Vgl. Monopolkommission, XXII. Hauptgutachten 2018, Rn. 714. Vgl. auch die Auswertung ihrer Fallpraxis durch die Kommission selbst in „EU merger Control and Innovation“, Competition Policy Brief 1/2016, http://ec.europa.eu/competition/publications/cpb/2016/2016_001_en.pdf.

13 Monopolkommission, XXII. Hauptgutachten 2018, Rn. 700.

14 Beschluss vom 27.3.2017, M.7932 - Dow/DuPont, Tz. 2120 (nachfolgend: Entscheidung Dow/DuPont); Beschluss vom 21.3.2018, M.8084 - Bayer/Monsanto, Tz. 54, 74 mit Verweis auf Dow/DuPont in Fn 21, Tz. 97 (nachfolgend Entscheidung Bayer/Monsanto); Monopolkommission, XXII. Hauptgutachten, Rn. 707.

15 Vgl. die Zusammenfassung bei Monopolkommission, XXII. Hauptgutachten, Rn. 708-712.

16 Vgl. Monopolkommission, XXII. Hauptgutachten, Rn. 713.

bener Wettbewerb bezeichnet[17]), oder der künftige Märkte betrachtet, die auf bestehende FuE Aktivitäten von Wettbewerbern abstellt, die neuen, infolge fortgeschrittener Entwicklung erkennbaren Produkten zugeordnet werden können[18], hinaus. Die Kommission erkannte auf einen Schaden in Form eines Rückgangs der Forschungsanstrengungen der beiden Unternehmen in bestimmten Forschungslinien und allgemein.[19] Die Kommission spricht insoweit von der Betrachtung von Innovationswettbewerb in Innovationsräumen („innovation spaces“[20]), die durch Gruppierungen von Pflanzen/Schädlingskombinationen definiert werden, unter Berücksichtigung der Besonderheiten von verschiedenen Regionen der Welt in Bezug auf die wichtigsten Kulturen und Schädlinge[21]; anstelle einer Betrachtung von Innovation bezogen auf bestimmte Produkte und Märkte (und einer Analyse von Marktstrukturen und Marktanteilen) geht es um die allgemeinen Forschungsanstrengungen der Beteiligten insoweit.[22] Schließlich wurde auch noch die Auswirkung der Fusion von Dow/DuPont auf die Forschungskapazitäten der Pflanzenschutzmittel-/Pestizidindustrie insgesamt untersucht, im Hinblick auf die Veränderung von Forschungsmöglichkeiten auf Industrieebene.[23] Die zurückgehenden Forschungsanstrengungen würden nicht durch Wettbewerber ausgeglichen.[24] Diese Betrachtung der allgemeinen Kapazitätsauswirkung ist gleichfalls neu und weitet die wettbewerbliche Betrachtung auf die FuE Aktivitäten selbst aus, jenseits der reinen Produktmärkte.[25] Es geht dann um eine Art Innovationsmarkt.[26]

Insgesamt zeichnen sich die Analysen der Kommission durch eine Loslösung der wettbewerblichen Betrachtung von konkreten oder zumindest

---

17 Bundeskartellamt, Leitpapier Innovationen - Herausforderungen für die Kartellrechtspraxis, November 2017, S. 18.

18 Zu diesen Innovationsbetrachtungen s. Bundeskartellamt, Leitpapier Innovationen - Herausforderungen für die Kartellrechtspraxis, November 2017, S. 26 ff.

19 Entscheidung Dow/DuPont, Rn. 2014 ff, 3059 ff.

20 Vgl. Entscheidung Dow/DuPont, Rn. 1956 f; Entscheidung Bayer/Monsanto, Rn. 80 f, 1017 ff.

21 Vgl. Entscheidung Dow/DuPont, Rn. 355.

22 Vgl. Entscheidung Dow/DuPont, Rn. 3056 ff.

23 „industry level“, Entscheidung Dow/DuPont, Rn. 1956 f; Entscheidung Bayer/Monsanto, Rn. 1009, 1542.

24 Entscheidung Dow/DuPont, Rn. 2019, 3225 ff.

25 Monopolkommission, XXII. Hauptgutachten 2018, Rn. 715; N. Petit, Significant Impediment To Industry Innovation: A novel theory of harm in EU merger policy?, ICLE White Paper 2017/1, 4 ff.

26 Zur Idee von Innovationsmärkten siehe Gilbert/Sunshine, Incorporating Dynamic Efficiency Concerns in Merger Analysis: The Use of Innovation Markets, Antitrust Law Journal 1995.

in Entwicklung befindlichen Produkten aus, die in das Vorfeld von konkreten Produkten und damit Märkten ausgreift. Ferner wandte sich die Kommission der Betrachtung von Innovationskapazitäten zu.

Diese Überlegungen der Kommission zum Einbezug des Innovationswettbewerbs in die Analyse wettbewerblicher Auswirkungen eines Fusionsvorhabens haben in ihren Grundlagen im Grundsatz positive Aufnahme in der Literatur gefunden, wie auch bei der Monopolkommission.[27] Einen Vorläufer dieser innovationsorientierten Betrachtungen fand die Kommission bei den US Kartellbehörden, die in ihren Leitlinien zu horizontalen Fusionen von 2010 innovationswettbewerbliche Betrachtungen angestellt und zwei Schadenstheorien vorgestellt haben.[28] Diese zwei Schadenstheorien verweisen auf eine reduzierte Bereitschaft zur Fortentwicklung bestehender und zur Entwicklung neuer Produkte infolge der Fusion zweier forschungsstarker Wettbewerber. Die Kommission geht allerdings mit ihrer Betrachtung auch der allgemeinen Forschungskapazitäten einer Branche noch darüber hinaus.

B. Neue Schadenstheorie auf der Basis der bestehenden Rechtsgrundlage?

Die neue Betrachtung legt ökonomische Bewertungen und Neuausrichtungen in der wettbewerblichen Einschätzung eines Fusionsvorhabens an den Tag, die für den Juristen sogleich die Frage aufrufen, ob das ohne Änderung der einschlägigen Rechtsgrundlagen überhaupt möglich ist. In der Tat hat die Kommission geltend gemacht, dass ihre Bewertungen sich auf dem Boden der bisherigen Rechtsgrundlagen befinden.[29]

Kartell- und Fusionskontrollrecht ist ein Rechtsgebiet, das dem klassischen Eingriffsverwaltungsrecht zugehört[30] und dem Regime des Gesetzesvorbehalts unterfällt. Verbote, Eingriffsbefugnisse und Auflagen von Behörden bedürfen einer gesetzlichen Grundlage, weil sie die grundrechtlich abgesicherte wirtschaftliche Betätigung beschränkt. Das gilt auch im EU-

---

27 Monopolkommission, XXII. Hauptgutachten 2018, Rn. 716, 718, ebda Fn 267 mwN.

28 Vgl. DoJ and FTC, Horizontal Merger Guidelines, 2010, unter 6.4. Nach Ansicht des Bundeskartellamt, Leitpapier Innovationen - Herausforderungen für die Kartellrechtspraxis, November 2017, S. 32, sind die US Wettbewerbsbehörden vom Konzept der Innovationsmärkte wieder abgerückt.

29 Entscheidung Dow/DuPont, Rn. 1988 ff; Entscheidung Bayer/Monsanto, Rn. 62 ff.

30 Vgl. J. P. Terhechte, Die ungeschriebenen Tatbestandsmerkmale des europäischen Wettbewerbsrechts, 2004, 36, 79 f.

Recht, vgl. Art. 52 Abs. 1 GRC, wonach jede Einschränkung der Ausübung der Grundrechte der Charta gesetzlich vorgesehen sein muss. Die Charta anerkennt die Berufs-, Eigentums- und auch die Unternehmensfreiheit, Art. 15-17. Letztere beinhaltet die Vertrags- und Wettbewerbsfreiheit.[31]

Rechtsgrundlage für die Anwendung dieser neuen Schadenstheorie war Art. 2 EU FusKtrlVO[32], der Maßstäbe für die Vereinbarkeit einer Fusion mit dem GM vorgibt. Demnach sind von der Kommission nach Art. 2 Abs. 1 zu berücksichtigen

> „die Notwendigkeit, im Gemeinsamen Markt wirksamen Wettbewerb aufrechtzuerhalten und zu entwickeln, insbesondere im Hinblick auf die Struktur aller betroffenen Märkte und den tatsächlichen oder potenziellen Wettbewerb durch innerhalb oder außerhalb der Gemeinschaft ansässige Unternehmen"

und ferner

> „die Marktstellung sowie die wirtschaftliche Macht und die Finanzkraft der beteiligten Unternehmen, die Wahlmöglichkeiten der Lieferanten und Abnehmer, ihren Zugang zu den Beschaffungs- und Absatzmärkten, rechtliche oder tatsächliche Marktzutrittsschranken, die Entwicklung des Angebots und der Nachfrage bei den jeweiligen Erzeugnissen und Dienstleistungen, die Interessen der Zwischen- und Endverbraucher sowie die Entwicklung des technischen und wirtschaftlichen Fortschritts, sofern diese dem Verbraucher dient und den Wettbewerb nicht behindert."

Maßstab für die Bewertung einer Fusion durch die Kommission ist die Frage nach einer erheblichen Behinderung des wirksamen Wettbewerbs („significant impediment to effective competition") im Gemeinsamen Markt oder in einem wesentlichen Teil desselben, insbesondere durch Begründung oder Verstärkung einer beherrschenden Stellung, so Art. 2 Abs. 2 FusKtrolVO. Erfolgt solch eine erhebliche Behinderung nicht, ist der Zusammenschluss zu genehmigen. Andernfalls ist er zu untersagen.

Die bei dieser Beurteilung einzustellenden Parameter sind damit recht allgemein, mithin nur nach Art einer Generalklausel bestimmt. Die Nor-

---

31 Vgl. Bernsdorff, in Meyer, Charta der Grundrechte der EU, 4. Aufl 2014, Art. 16, Rn. 12, 14. Der in Art. 16 aufgenommene Vorbehalt zugunsten des EU-Rechts und nationaler Rechtsvorschriften entbindet nicht von der Beachtung der Anforderungen des Art. 52 Abs. 1, s. ebda. Rn. 15.

32 VO 139/2004 des Rates vom 20. Januar 2004 über die Kontrolle von Unternehmenszusammenschlüssen, ABl.EU 2004 L 24/1.

men verwenden sog. unbestimmte Rechtsbegriffe: Die Kriterien der Notwendigkeit einer Entwicklung wirksamen Wettbewerbs, des Einbezugs auch eines potentiellen Wettbewerbs, der Berücksichtigung der Entwicklung von Angeboten wie auch der Entwicklung des technischen Fortschritts geben den Behörden eine Weite an und damit einen Spielraum für denkbare Ansatzpunkte für die wettbewerbliche Beurteilung, die gerade auch den Einbezug von Innovationsauswirkungen zulässt. Der technische Fortschritt ist ausdrücklich als Parameter genannt (wie auch in Art. 101 Abs. 3, Art. 102 lit. b) AEUV). Terminologisch klingt das auch mit dem Abstellen auf den potentiellen Wettbewerb an. Die in Dow/DuPont von der Kommission angestellte, von einem Produktmarkt abgelöste Betrachtung über konkrete Produkte hinaus auch hinsichtlich von Entwicklungslinien und damit eventuell künftig denkbarer Produkte kann als Betrachtung eines potentiellen Wettbewerbs angesehen werden, um dessen Aufrechterhaltung und weitere Entwicklung es der Kommission geht. Die von einem bestehenden Produktmarkt losgelöste Betrachtung der Auswirkungen auf künftige, noch gar nicht absehbare Produkte kann eben auch als eine Analyse eines wenn auch noch sehr „potentiellen" künftigen Marktes angesehen werden. Der Begriff des potentiellen Wettbewerbs erfasst sowohl den Einbezug von eventuell neu eintretenden Unternehmen auf bestehenden Märkten, als auch die Betrachtung des Wettbewerbs bei neuen Produkten und im Hinblick auf künftige Märkte.[33] Allerdings tut sich hier die Problematik auf, wo die Grenze für den Einbezug von Wahrscheinlichkeiten bei der Beurteilung von Innovationsgeschehen und daraus folgendem Wettbewerbsdruck verläuft und wie weit die Analyse von Szenarien künftiger Markt- und Innovationsentwicklung noch als Untersuchung eines potentiellen Wettbewerbs angesehen werden kann.[34] Welche Wahrscheinlichkei-

---

33 Vgl. etwa Bundeskartellamt, Leitpapier Innovationen - Herausforderungen für die Kartellrechtspraxis, November 2017, S. 22 mit Fn. 66.

34 Diese Frage ist etwa bei der Anwendung des in § 18 Abs. 3a GWB neu eingefügten Kriterienkatalogs für die Beurteilung einer Marktstellung für den dort benannten „innovationsgetriebenen Wettbewerbsdruck" aufgeworfen worden, s. Gesetzesbegründung, BT-Drs 18/10207, S. 51: „Allerdings ist es nicht einfach zu entscheiden, ob innerhalb des kartellbehördlichen Prognosezeitraums Verschiebungen bestehender Marktstellungen mit einiger Wahrscheinlichkeit eintreten, die schon die Annahme einer Marktbeherrschung ausschließen. In jedem Einzelfall ist daher eine sorgfältige Prüfung notwendig, ob nicht nur eine abstrakte, zeitlich zu vage Angreifbarkeit der Marktposition vorliegt. Würde allein die Aussicht, dass eine marktbeherrschende Position irgendwann wegfallen könnte, zur Verneinung der Marktbeherrschung führen, bliebe der Vorwurf einer missbräuchlicher Ausnutzung dieser Stellung per se einer Prüfung entzogen."

ten sind noch hinreichend, welche Prognosesicherheit ist noch akzeptabel, mit anderen Worten: Welche Langfristigkeit der Betrachtung ist noch vernünftig beurteilbar?[35] Die Kommission hat sich in Dow/DuPont schon sehr langfristiger perspektivischer Betrachtungen bedient. Wie auch immer man das bewerten mag, jedenfalls dürfte weitgehend Einigkeit zu erzielen sein, dass das schon *eine starke Weiterung des Konzepts potentiellen Wettbewerbs* darstellt.

Ob die Einstellung der Entwicklung des technischen und wirtschaftlichen Fortschritts in die Bewertung der Wettbewerbsauswirkungen einer Fusion schließlich so weit gehen kann, dass die Kommission darunter *allgemeine Betrachtungen der Innovationskapazität einer Branche* anstellen kann, erscheint noch viel fraglicher. Denn Art. 2 EUFusktrlVO stellt auf den technischen Fortschritt ab. Fortschritt schlägt sich in konkreten Produkten nieder. Es geht, wie der Wortlaut verdeutlicht, um den Dienst für den Verbraucher. Die bloße Anknüpfung an Forschungskapazitäten überhaupt, losgelöst von einem konkreten Produktfortschritt, ist damit nicht mehr ohne weiteres gedeckt, weil Vorteile für den Verbraucher daraus nicht unmittelbar erwachsen.

Diesen aus dem Wortlaut der Normen ableitbaren Kritikpunkten, die nahelegen, dass die Kommission in ihrer Beurteilung die gesetzlichen Eingriffsbefugnisse in einer gewissen Weise überdehnt hat, entsprechen die Kritikpunkte, die auch in der ökonomischen Diskussion um die Abgrenzung des potentiellen Wettbewerbs von einem reinen Innovationswettbewerb formuliert werden. Dadurch, dass die Betrachtung von Innovationsmärkten sich nicht mehr auf einen auch nur künftigen, vorhersehbaren Produktmarkt beziehen könne, sei die Schadenstheorie doch sehr / zu abstrakt. Der Nachweis einer Wettbewerbsbeschränkung auf Produktmärkten bleibe letztlich aus.[36] Dieser Kritik mag man noch dadurch Rechnung tragen, dass man entsprechende Anforderungen an die Begründung stellt. Die Kommission hat ihre Überlegungen nachvollziehbar darzulegen (dazu noch näher unten). Sehr viel grundsätzlicher ist die Kritik, wonach der In-

---

35 Das Bundeskartellamt folgert daraus, dass das Konzept künftiger Märkte in der Missbrauchsaufsicht kaum anwendbar ist („schwierig vereinbar"), s. Leitpapier Innovationen - Herausforderungen für die Kartellrechtspraxis, November 2017, S. 28, Fn. 93. In der Fusionskontrolle, die von vornherein auf eine prognostische Analyse ausgerichtet ist, dürfte das daher nicht in gleicher Weise gelten, obgleich die tatsächlichen Probleme der Vorhersehbarkeit und damit einer nachvollziehbaren Analyse gleichwohl unverändert bestehen.

36 Bundeskartellamt, Leitpapier Innovationen - Herausforderungen für die Kartellrechtspraxis, November 2017, S. 29.

novationsmarkt oder der Innovationsraum letztlich kein Markt sei, mangels unmittelbarer Marktgegenseite/Nachfrageseite. Das Bedarfsmarktkonzept sei daher nicht anwendbar.[37] Kriterien für die Beurteilung einer Fusion sind nach der FusKtrlVO die Vereinbarkeit mit dem Gemeinsamen Markt und die Auswirkungen auf den Wettbewerb. Märkte und WB müssen allerdings nicht notwendig rein konkret produktbezogen sein. Ein Markt um Innovation ist grundsätzlich zwar vorstellbar. Real existiert nur ein Markt für FuE Dienstleistungen, der nicht gleichzusetzen ist mit Innovation, auch wenn beides typischerweise korrelieren dürfte. Die Anwendung eines Innovationsmarktkonzeptes unter den Begrifflichkeiten von Art. 2 FusKtrlVO ist vor diesem Hintergrund zwar nicht von vornherein rechtlich ausgeschlossen, aber auch nicht gänzlich unproblematisch.

Der Einsatz ökonomischer Modelle muss sich innerhalb des von der Tatbestandsformulierung der einschlägigen Normen aufgespannten Rahmens bewegen. Reine Ökonometrie darf nicht an die Stelle der Tatbestandsmerkmale treten.[38] Entscheidend aus rechtsstaatlicher Sicht ist damit, ob sich die Begründungsansätze der Kommission noch innerhalb des durch die tatbestandlichen Begriffe umrissenen Bedeutungsgehalts bewegen.

Die neue Schadenstheorie in der Entscheidung Dow/DuPont stellte auf Innovationsräume ab und betrachtete daher die Forschungsanstrengungen der Fusionsbeteiligten auf einem bestimmten Bereich, die für die künftigen Marktgegebenheiten und damit die Marktstrukturen in einem zentral von Produktinnovation getriebenen Markt wie der für Pestizide in hohem Maße prägend sind.[39] Bei aller damit verbundenen Prognoseunsicherheit bewegt sich die Einschätzung der Kommission damit im Rahmen der Betrachtung von Märkten für Pflanzenschutzmittel, nur eben nicht in ihrer derzeitigen Gestalt, sondern im Hinblick auf die künftige.

Auch sind die Tatbestandsmerkmale der anzuwendenden Normen in der Fusionskontrolle, wie aufgezeigt, inhaltlich recht unbestimmt. Das führt zur Frage, welche Bestimmtheit zu fordern ist und wo die Grenzen für die Unbestimmtheit der Normen verlaufen.

---

37 Bundeskartellamt, Leitpapier Innovationen - Herausforderungen für die Kartellrechtspraxis, November 2017, S. 32 mwN in Fn. 105.

38 Dreher/Kulka, Wettbewerbs- und Kartellrecht, 10. Aufl 2018, Rn 674.

39 Die Kommission hat ihre Prämissen für die Marktgegebenheiten und ihre Innovationsabhängigkeit insoweit deutlich gemacht, s. Entscheidung Dow/DuPont Rn. 2000 f.

C. Rechtsstaatliche Parameter für unbestimmte Rechtsbegriffe und ihre Anwendung

1. Bestimmtheitsanforderungen im Wettbewerbsrecht und Entscheidungsspielräume der Kommission

Rechtsstaatliche Anforderungen an behördliches Tätigwerden in der Eingriffsverwaltung verlangen zur Absicherung der Gesetzesbindung der Verwaltung, die auch in der EU gilt, eine gesetzliche Bestimmtheit von Eingriffsnormen. Der Gesetzesvorbehalt dient auch im EU-Recht der Legitimation der Verwaltungstätigkeit und ihrer Begrenzung. Die Befugnisse der Exekutive müssen sich dem Gesetz „hinreichend deutlich" entnehmen lassen, damit sie legitim sind.[40] Dementsprechend entnimmt der EuGH dem Grundsatz der Rechtssicherheit, dass eine den einzelnen Pflichten auferlegende Norm ihnen ermöglichen muss, „den Umfang der ihnen auferlegten Verpflichtungen genau zu erkennen und ihre Rechte und Pflichten eindeutig erkennen und sich darauf einstellen zu können".[41] Es genügt ein Gesetz im materiellen Sinne; ein parlamentarisches Gesetz im formellen Sinne ist nicht unbedingt erforderlich. Das Bestimmtheitsgebot ist spezifisch für die Verhängung staatlicher Sanktionen ausgeformt in dem strafrechtlichen Grundsatz nulla poena sine lege certa, also dem strafrechtlichen Bestimmtheitsgebot für die materiellen Straftatbestände, vgl. Art. 103 Abs. 2 GG und Art. 49 Abs. 1 S. 1 GRCharta, der die klare Definition von Zuwiderhandlung und Sanktionen fordert.[42]

Die Verankerung des Bestimmtheitsgebots für behördliches Tätigwerden in der Gesetzesbindung der Verwaltung wird ergänzt durch die gleichsinnigen Anforderungen der Rechtssicherheit. Unternehmen müssen das von ihnen erwartete Verhalten klar einschätzen können. Gerade solche Regeln, die unternehmerisches Verhalten im Wettbewerb steuern sollen, müssen klar sein. Die daraus folgende Gewissheit über das rechtlich Geforderte ist existentielle Bedingung dafür, dass eine Wirtschaftsordnung funktioniert. „Die Wichtigkeit, die die Gewißheit des Rechts für das glatte und wirksame Funktionieren einer freien Gesellschaft hat, kann kaum übertrie-

40 Huber/Unger, in Schoch (Hg), Besonderes Verwaltungsrecht, 2018, Kap 4, Rn. 38. Zum Gesetzesvorbehalt im EU Recht etwa B. Häberle, Die Kronzeugenmitteilung der Europäischen Kommission im EG-Kartellrecht, 2005, 113 ff; H. Rieckhoff, Der Vorbehalt des Gesetzes im Europarecht, 2007, 123 ff.

41 EuGH, C-352/09 P, Rn. 81; C-345/06, Rn. 44 f mwN.

42 EuGH, C-352/09 P, Rn. 80 mit Verweis auf EuGH C-303/05, Rn. 49 f.

ben werden", so F. A. von Hayek.[43] Rechtssicherheit und damit Bestimmtheit des Rechts ist somit eine „essentielle Voraussetzung" für effektive Wettbewerbspolitik, auch in der Fusionskontrolle.[44] Das ist nicht nur eine rechtstheoretische, verfassungsrechtliche Forderung, sondern empirisch bestätigt.[45]

Gleichwohl gilt andererseits, dass hinsichtlich staatlicher Eingriffsnormen Generalklauseln und unbestimmte Rechtsbegriffe, wie auch damit einhergehende Beurteilungsspielräume der Verwaltung, als zulässig angesehen werden.[46] Die deutsche Dogmatik erfordert bei unbestimmten Rechtsbegriffen grundsätzlich eine volle justizielle Kontrolle, ohne eigene, unkontrollierte Entscheidungsspielräume der Verwaltung; Beurteilungsspielräume bei der Anwendung von unbestimmten Rechtsbegriffen kommen der Verwaltung nur zu, wenn das eigens begründet werden kann. Es ist anerkannt, dass bei Prognoseentscheidungen, zumal wenn diese mit Wertungen einhergehen, vom Bestehen eines Beurteilungsspielraums der Verwal-

---

43 Zitiert nach Schmidt/Voigt, Die prozeduralen Aspekte der Fusionskontrolle – die vergessene Seite der Reform, Jahrbuch für Wirtschaftswissenschaften (56) 2005, 164 (167).

44 Schmidt/Voigt, Die prozeduralen Aspekte der Fusionskontrolle – die vergessene Seite der Reform, Jahrbuch für Wirtschaftswissenschaften (56) 2005, 164 (168).

45 Dazu näher Schmidt/Voigt, Die prozeduralen Aspekte der Fusionskontrolle – die vergessene Seite der Reform, Jahrbuch für Wirtschaftswissenschaften (56) 2005, 164 (168 ff).

46 In deutscher Dogmatik unterscheidet man unbestimmte Rechtsbegriffe von Ermessen. Ersteres ist auf Tatbestandsseite angesiedelt, letzteres auf Rechtsfolgenseite und bringt Entscheidungsspielräume der Exekutive zum Ausdruck. Unbestimmte Rechtsbegriffe sind idR nicht mit Entscheidungsspielräumen verbunden, sondern allenfalls mit Beurteilungsspielräumen, die notwendigerweise mit dann eingeschränkter richterlicher Kontrolldichte einhergehen. Im Grundsatz sind unbestimmte Rechtsbegriffe vollständig justiziabel, während die Ausübung von Ermessen auf der Rechtsfolgenseite von der Gerichtsbarkeit auch nur eingeschränkt – nämlich auf das Vorliegen von Ermessensfehlern – überprüft werden kann, vgl. dazu etwa Detterbeck, Allgemeines Verwaltungsrecht, 17. Aufl 2019, Rn. 328 ff, 348 ff. Im Europäischen Unionsrecht, insbesondere im EU-Wettbewerbsrecht, bestehen solle Feinheiten in der Unterscheidung von Spielräumen für die Verwaltung auf Tatbestands- oder Rechtsfolgenseite nicht, sondern es wird einheitlich von einem Ermessen oder „Gestaltungsspielraum" der Kommission ausgegangen, egal, ob dieser nur auf der Tatbestands- oder Rechtsfolgenseite oder sogar auf beiden besteht, wie etwa bei Art. 107 III AEUV, vgl. zuletzt S. Kreifels, Die Prioritätensetzung der Europäischen Kommission beim Aufgreifen kartellrechtlicher Fälle, 2019, 24 ff; H. P. Nehl, Judicial Review, in Mendes (Hrsg.), EU Executive Discretion and the Limits of Law, 2019, 157 (162 f). Solche Koppelungen von Spielräumen auf Tatbestands- und Rechtsfolgenseite gibt es auch im deutschen Recht, vgl. Detterbeck ebda. Rn 380 ff.

tung auszugehen ist.[47] Verfassungsrechtlich steht dahinter, dass das Ausmaß der Normbestimmtheit nicht in allen Kontexten dasselbe sein kann. Ein gewisses Maß an Unbestimmtheit abstrakt-genereller Normen ist notwendig, damit eine dem Ziel der Norm angemessene Einzelfallentscheidung getroffen werden kann.[48] Es handelt sich damit bei der Festlegung der an die hinreichende Bestimmtheit zu stellenden Anforderungen um ein bewegliches System, das abhängt von den in einer Norm vorzusehenden Eingriffsintensitäten in die Rechte einer (natürlichen oder juristischen) Person einerseits und den Eigenarten des Regelungsgegenstands andererseits.[49] Für die Bestimmtheit genügt damit eine Bestimmbarkeit aufgrund von Kontext, Ziel, Wortlaut, Begründung einer Norm.[50]

Für das Öffentliche Wirtschaftsrecht ist die Nutzung von unbestimmten Rechtsbegriffen durch den Gesetzgeber als verfassungskonform anerkannt.[51] Solche Regeln können der Verwaltung einen Gestaltungsspielraum verleihen. Die Verwendung unbestimmter Rechtsbegriffe in einschlägigen Rechtsnormen und Befugnisregeln entspricht dem Bestimmtheitsgebot, wenn „die Eigenart des geregelten Gegenstands eine genauere Substantiierung im Gesetz selbst ausschließt und die mit Hilfe von Zweck und Regelungszusammenhang auszulegende Generalklausel Tendenz, Programm und Reichweite der zugelassenen Rechtsetzung erkennen lässt."[52]

Diese Begründung ist gerade für wettbewerbsrechtliche Beurteilungen relevant. Denn die Betrachtung und Bewertung von Wettbewerbsvorgängen erfordert – wie auch die Formulierungen in den einschlägigen Regelungen zeigen – eine Analyse bestimmter Verhaltensweisen im Hinblick auf ihre bewirkten oder auch nur bezweckten *Auswirkungen* auf den Wettbewerb, etwa im Hinblick auf eine Beeinträchtigung zwischenstaatlichen Handels, auf eine Einschränkung oder Verfälschung des Wettbewerbs im Binnenmarkt (so Art. 101 Abs. 1 AEUV), oder – bei Beurteilung von Freistellungsvoraussetzungen – auf das Vorliegen positiver Effekte (etwa Förderung des Fortschritts, Art. 101 Abs. 3 AEUV). Gleiches gilt für die Frage, wann eine marktbeherrschende Stellung missbräuchlich ausgenutzt wird

47 Vgl. Detterbeck, Allgemeines Verwaltungsrecht, 17. Aufl 2019, Rn. 376.

48 Grzeszick in Maunz-Dürig, GG, Art. 20, Rn. 59.

49 Grzeszick in Maunz-Dürig, GG, Art. 20, Rn. 60 mwN auf Judikatur des BVerfG.

50 Grzeszick in Maunz-Dürig, GG, Art. 20, Rn. 61.

51 S. wiederum Grzeszick in Maunz-Dürig, GG, Art. 20, Rn. 62 f.

52 So Huber/Unger, in Schoch (Hg), Besonderes Verwaltungsrecht, 2018, Kap 4, Rn. 43 mit Verweis auf BVerfGE 8, 274 (311); 58, 283 u.a., allerdings mit Bezug auf gesetzliche Ermächtigungen an die Exekutive iSv Art. 80 GG zum Erlass konkretisierender Vorschriften in Rechtsverordnungen.

(Art. 102), oder wann ein beabsichtigter Zusammenschluss zu einer erheblichen Behinderung des wirksamen Wettbewerbs führt. Auswirkungen eines Verhaltens auf den Markt zu analysieren, bedingt ein tiefes Eindringen in ökonomische Betrachtungen. Wirtschaftswissenschaftliche Denkmodelle und Analyseinstrumente sind es, die dem Rechtsanwender im EU-Wettbewerbsrecht es ermöglichen, die unbestimmten Rechtsbegriffe in operable Anforderungen und Kriterien zu übersetzen. Dies gilt zumal bei der im Rahmen der Fusionskontrolle anzustellenden prospektiven Analyse, wie sich ein Zusammenschluss auf die Wettbewerbssituation künftig auswirken wird. Die Subsumtion unter diese Entscheidungsanforderungen erfordert von den Wettbewerbsbehörden eine komplexe ökonomische Beurteilung, die, rechtlich geboten, innerhalb der gesetzlich wenn auch nicht vollständig präzise vorbestimmten Tatbestandsmerkmale erfolgt und den dadurch aufgespannten Rahmen nicht verlassen darf. Allerdings ist dieser Rahmen sehr flexibel. Zentral ist der Wettbewerbsbegriff. Er lässt Raum für verschiedene Konzeptionen und ist zuletzt von der Kommission in ihrem more economic approach von der ordoliberalen Offenhaltung eines freien Wettbewerb der Marktteilnehmer im Interesse deren individuellen Freiheitsschutzes umgeprägt worden in einen holistischen wohlfahrtsökonomischen Ansatz, der eine sehr viel intensivere Betrachtung der einzelnen Verhaltensweisen von Unternehmen eben im Hinblick auf ihre Auswirkungen auf die Verbraucherwohlfahrt erfordert.[53] Die Prüfung der Tatbestandsmerkmale des Wettbewerbsrechts ist dadurch nicht mehr beschränkt auf die Analyse von Marktstrukturen und Marktverhalten, sondern nimmt vorrangig ihre Auswirkungen auf die Ergebnisse des Wettbewerbs in die Betrachtung („effects-based approach").[54] Die Orientierung der Fallanalyse

---

53 Vgl. nur T. Ackermann, § 21 Europäisches Kartellrecht, in Riesenhuber, Europäische Methodenlehre, 3. Aufl 2015, Rn. 22; S. Unger, Wettbewerbsverwaltung (Manuskript), S. 57 ff. Zu den Hintergründen der Umorientierung zu einem more economic approach s. A. Witt, The More Economic Approach to EU Antitrust Law, 2016, 7 ff.

54 Vgl. Erwägungsgrund 25 der VO 139/2004 (Fn. 32); U. *Immenga*, ZWeR 2006, 346 (355 f); M. Zalewska-Glogowska, The More Economic Approach under Article 102 TFEU, 2017, 16 ff; S. Unger, Wettbewerbsverwaltung (Manuskript), 60. Dazu dass der EuGH dem nur zögerlich folgt und der Betonung der Verbraucherwohlfahrt durch die Kommission distanziert gegenüber steht, s. nur W. Weiß, in Calliess/Ruffert, EUV/AEUV, 5. Aufl 2016, Art. 101, Rn. 2; M. Zalewska-Glogowska, ebda. S. 234 f. Kritisch zum Erfolg des more economic approach M. Meier, in Mathis/Tor (Hg.), New Developments in Competition Law and Economics, 2019, 51 (51 f), wonach nach wie vor der Ansatz der Wettbewerbsfreiheit bei der Anwendung des Wettbewerbsrechts vorherrsche.

an den Auswirkungen für den Wettbewerb war im Fusionskontrollrecht ohnehin schon präsent.[55] Dort brachte die Orientierung zu einem more economic approach allerdings eine Ausrichtung der Betrachtung eher an der Verbraucherwohlfahrt und einen stärkeren Einsatz empirisch-ökonomischer Analysen durch die Kommission.[56]

Die legitime Gewährung von Einschätzungsspielräumen für Behörden in bestimmten Situationen durch den Gesetzgeber bildet sich auch in der gerichtlichen Kontrolle der behördlichen Entscheidungstätigkeit ab, die diesen Spielraum und damit die zugrundeliegende gesetzgeberische Entscheidung respektieren muss. Der EuGH hat früh anerkannt, dass die Kommission etwa bei der Beurteilung des Vorliegens von Wettbewerbsverstößen nach Art. 101 Abs. 1 AEUV[57] und von Freistellungsvoraussetzungen nach Art. 101 Abs. 3 AEUV schwierige Wertungen ökonomischer Sachverhalte vorzunehmen habe und die Nachprüfung sich auf die Richtigkeit der zugrunde liegenden Tatsachen und ihre Subsumtion unter die Rechtsbegriffe beschränken müsse[58], eine allerdings insoweit zirkuläre Feststellung.

Den Behörden kommt bei der Fusionskontrolle somit ein Beurteilungsspielraum zu, der ihre Bewertungen aber nicht von den gesetzlichen Tatbeständen ablöst. Die in den unbestimmten Rechtsbegriffen wie bei Art. 2 (erhebliche Beeinträchtigung des wirksamen Wettbewerbs) liegende Flexibilität erlaubt damit einen Spielraum der Behörden in ihrer Entscheidung darüber, wann diese Voraussetzungen vorliegen.

Damit wird die Gesetzesbindung der Verwaltung aus dem Grundsatz der Gesetzmäßigkeit jeder Verwaltung (Art. 20 Abs. 2 GG), verstanden als mehr oder minder strenge normative Programmierung der Verwaltungstätigkeit, situativ angemessen modifiziert. Gleichwohl steht die Anerkennung von Spielräumen der Verwaltung damit in einem Spannungsfeld zur von der Rechtstaatlichkeit geforderten Rechtssicherheit und Vorhersehbarkeit behördlicher Entscheidungen. Dennoch ist diese Modifizierung grundsätzlich, aber abhängig von näheren Umständen und eingrenzenden Bedingungen (nämlich ihrer Konkretisierbarkeit in der Anwendung, dazu sogleich), akzeptiert. Die normative Programmierbarkeit der Verwaltung

---

55 J. Laitenberger et al, Entwicklungslinien des Wettbewerbsrechts, in R Ellger/H Schweitzer (Hg), Die Verfassung der europäischen Wirtschaft, 2018, 109 (111).

56 J. Laitenberger et al, Entwicklungslinien des Wettbewerbsrechts, in R Ellger/H Schweitzer (Hg), Die Verfassung der europäischen Wirtschaft, 2018, 109 (123 ff); A. Witt, The More Economic Approach to EU Antitrust Law, 2016, 213 f, 234 ff.

57 Insoweit EuGH, Rs 42/84, Rn. 34 – Remia.

58 EuGH, Rs 56/64 ua Slg. 1966, 321, 396 Consten – Grundig.

kommt in bestimmten Bereichen und unter bestimmten Umständen an ihre Grenze.

Erhöhte Anforderungen an die Bestimmtheit gelten – wie schon angedeutet - dort, wo besonders schwerwiegende Konsequenzen drohen. Im Strafrecht gelten schärfere Anforderungen an die Normbestimmtheit. Kartellbußen werden auf der Grundlage von Wettbewerbsverstößen, also Verletzungen des EU-Kartellrechts oder des Missbrauchsverbots nach Art. 101 und 102 AEUV, verhängt, vgl. Art. 23 Abs. 2 VO 1/2003. Auch wenn dieser Bereich nicht zum Strafrecht ieS gehört (Art. 23 Abs. 5 VO 1/2003; Art. 14 Abs. 4 FusKtrlVO), sondern ein Sanktionsrecht vergleichbar dem deutschen Ordnungswidrigkeitsrecht darstellt (im deutschen Recht gilt das für Kartellbußen nach §§ 81 ff GWB), bedarf es doch der Beachtung der erhöhten Bestimmtheitsanforderungen aus Art. 49 GRCh bzw. Art. 103 Abs. 2 GG, die auch für Sanktionen nach dem Ordnungswidrigkeitsrecht gelten, außerhalb des Kern- oder Nebenstrafrechts. Denn auch insoweit geht es um den Vorwurf einer schuldhaften Rechtsverletzung.[59] Auch im Fusionskontrollrecht gibt es Sanktionen bei unberechtigtem Vollzug einer Fusion, vgl. Art. 14 Abs. 2 FusKtrlVO. Die bloße Untersagung eines angemeldeten Fusionsvorhabens oder Genehmigung mit Auflagen bewegt sich aber außerhalb der speziellen Anforderungen des strafrechtlichen Bestimmtheitsgebots.

2. *Konkretisierungsleistung der Rechtsanwendung und effektiver Rechtsschutz*

Generalklauseln und unbestimmte Rechtsbegriffe müssen in der Rechtsanwendung durch Exekutive und Gerichtsbarkeit konkretisiert werden können. Gerade bei Generalklauseln ist die Rechtssicherheit dadurch gewährleistet, dass etwa die Judikatur Konkretisierungsleistung durch Fallgruppenbildung vornimmt. Auch bei unbestimmten Rechtsbegriffen kann man für die Sicherstellung der Rechtssicherheit auf eine gleichmäßige Anwendungspraxis der Behörden und Gerichte verweisen, die hinreichende Vorhersehbarkeit von Entscheidungsmaßstäben auch bei unbestimmten, offenen Rechtsbegriffen dadurch gewährleistet, dass vergleichbare Fälle nach gleichen Kriterien gelöst werden und die Anwendungspraxis die Leit-

59 Vgl. näher Remmert in Maunz/Dürig, Art. 103 GG, Rn. 56.

gedanken für die Subsumtion erkennbar macht.[60] Das erfordert auch die Erkennbarkeit von ökonomischen Modellen und Konzepten, die den Entscheidungen zugrunde liegen. Eine zumindest fallgruppenspezifische Standardisierung der von den Wettbewerbsbehörden bei ihrer Entscheidungstätigkeit genutzten ökonomischen Analysemodelle und der zugrundeliegenden Theorien erscheint nötig und sollte auch in den Entscheidungen der Kommission erkennbar gemacht werden.[61]

Mit diesen Anforderungen korreliert die bereits angesprochene Frage nach der gerichtlichen Kontrolle etwa von Fusionskontrollentscheidungen: Jede behördliche Tätigkeit unterliegt der Anforderung effektiven Rechtsschutzes, so auch in der EU nach Art. 47 GRC. Effektiver Rechtsschutz fordert, dass - jedenfalls wenn es um Sanktionsverhängung oder den einzelnen belastende Entscheidungen geht – jede Verwaltungsentscheidung einer umfassenden richterlichen Kontrolle unterliegt. Während Ermessen von Wettbewerbsbehörden auf Tatbestandsebene durchaus zulässig ist, muss eine gerichtliche Prüfung aber auch diese Ermessenshandhabung einbeziehen und muss bezüglich einer verhängten Sanktion sogar eine umfassende Kontrolle der Angemessenheit der Sanktion beinhalten, die es dem Richter erlaubt, die Sanktion eigenständig zu verändern.[62] Gerichtliche Kontrolle kann schließlich zur Stabilisierung der Rechtssicherheit beitragen, wenn die Judikatur – gestützt auf die Begründungspflicht (Art. 296 Abs. 2 AUV; sie verlangt allerdings nur die Angabe der wesentlichen die Entscheidung tragenden Erwägungen) und den effektiven Rechtsschutz - Anforderungen an die Begründung von Entscheidungen der Kommission stellt, sie insbesondere auf die Einhaltung der eben formulierten Anforderung an die Offenlegung der angewandten Theorien und der Methode ihrer Anwendung besteht.

Der Rechtsschutz in der EU gegenüber Kommissionsentscheidungen, in denen sie komplexe Sachverhalte zu beurteilen hat, wird dem vielleicht noch nicht in vollem Umfang gerecht. Der EuGH gesteht einen Spielraum der Kommission zu – nicht zuletzt in Anerkennung ihrer primärrechtlichen Aufgabe zur Gestaltung der Wettbewerbspolitik und damit in einer

60 So nun auch für die Sanktionen nach EU-Wettbewerbsrecht EuG, Rs T-375/10, Rn. 51 ff. Das Gericht verweist hier auch auf die einschlägigen Leitlinien der Kommission als Beitrag zur Rechtssicherheit.

61 Schmidt/Voigt, Die prozeduralen Aspekte der Fusionskontrolle – die vergessene Seite der Reform, Jahrbuch für Wirtschaftswissenschaften (56) 2005, 164 (177 f).

62 Vgl. zu diesen Forderungen aus Art. 47 GRCharta, ausgelegt im Lichte des Art. 6 EMRK gemäß der einschlägigen Judikatur H. P. Nehl, in Immenga/Körber, Die Kommission zwischen Gestaltungsmacht und Rechtsbindung, 2012, 113 (130 ff).

aufgabenadäquaten Bewertung und Beachtung des institutionellen Gleichgewichts zwischen Exekutive und Judikative[63] - und nimmt entsprechend konsequent, wie bereits angedeutet, seine Kontrolldichte zurück. (Das kann aber nur insoweit legitim sein, wie die Kommission sich auch an ihre Aufgabe hält; wie noch gezeigt wird, formuliert das Anforderungen an die Tatsachenermittlung). Dem Beurteilungsspielraum der Kommission im Wettbewerbsrecht steht eine reduzierte gerichtliche Kontrolldichte gegenüber (allerdings kommt dem Gericht eine umfassende Nachprüfbefugnis bezüglich Sanktionen zu, Art. 261 AEUV, Art. 31 VO 1/2003). Klassisch formuliert das Gericht, es seien die Einhaltung der Verfahrensvorschriften zu prüfen, das Vorliegen ausreichender Begründung, die zutreffende Sachverhaltsfeststellung, die nicht offensichtlich fehlerhafte Würdigung des Sachverhalts und das Fehlen von Ermessensmissbrauch.[64] Allerdings hat der EuGH später – gerade auch im Hinblick auf die Fusionskontrolle – ergänzt, dass auch der vom Gericht anerkannte Beurteilungsspielraum der Kommission in Wirtschaftsfragen nicht bedeutet, „dass der Gemeinschaftsrichter eine Kontrolle der Auslegung von Wirtschaftsdaten durch die Kommission unterlassen muss. Er muss nämlich nicht nur die sachliche Richtigkeit der angeführten Beweise, ihre Zuverlässigkeit und ihre Kohärenz prüfen, sondern auch kontrollieren, ob diese Beweise alle relevanten Daten darstellen, die bei der Beurteilung einer komplexen Situation heranzuziehen waren, und ob sie die aus ihnen gezogenen Schlüsse zu stützen vermögen. Eine solche Kontrolle ist umso nötiger, wenn es sich um eine zur Prüfung eines geplanten Zusammenschlusses … erforderliche Untersuchung der voraussichtlichen Entwicklung handelt."[65] Daher hat der EuGH gefordert, dass die Kommission eine eingehende Prüfung der Umstände durchführt, die sich als maßgebend für die Beurteilung der Auswirkungen einer Fusion auf den Wettbewerb auf dem Referenzmarkt erweisen. Die von der Kommission ihrer Beurteilung zugrunde gelegten Beweise müssen überzeugend die Richtigkeit ihrer Entscheidung begründen. Das Gericht kann daher Anforderungen an die Beschaffenheit der Beweismittel formulieren, die „die Kommission vorlegen muss, um die Erfüllung der Voraussetzungen" für die Untersagung eines Fusionsvorhabens zu belegen.[66] Dement-

63 A. Fritzsche, Ermessen und institutionelles Gleichgewicht, 2008, 136 ff.

64 EuGH, Rs 42/84, Rn. 34 – Remia. Zur Entwicklung der Kontrolldichtekonzeption des EuGH in Wettbewerbssachen s. M. Jaeger, The Standard of Review in Competition Cases, JECLAP 2011, 295 (297 ff).

65 Vgl. hierzu und zum folgenden EuGH, Rs C-12/03, Rn. 39 ff – Tetra Laval. S. auch EuG, Rs. T-201/04, Rn. 89 – Microsoft, für die Missbrauchskontrolle.

66 EuGH, Rs C-12/03, Rn. 45.

sprechend ist eine umfassende Prüfung der Kommissionentscheidung auch im Hinblick auf ihre Interpretation wirtschaftlicher und technischer Daten durchzuführen.[67] Das Gericht kann nicht auf den „Wertungsspielraum verweisen, über den die Kommission aufgrund der ihr im Bereich der Wettbewerbspolitik durch den EU-Vertrag und den AEU-Vertrag übertragenen Rolle verfügt, um von einer eingehenden rechtlichen wie tatsächlichen Kontrolle abzusehen".[68] Das Gericht hat somit in seiner Rechtmäßigkeitsprüfung die Beweiswürdigung der Kommission zu kontrollieren und dafür gerade die Tatsachenbasis der Entscheidung kritisch zu prüfen.[69] Das Erfordernis einer Prüfung der Tatsachenbasis im Hinblick auf eine umfassende Erhebung der relevanten Daten durch die Kommission erscheint ein Spiegelbild zur Rechtfertigung des Beurteilungsspielraums der Kommission, der nur legitim erscheint, wenn die Kommission den Sachverhalt sorgfältig ermittelt hat.[70] Allerdings ist das Gericht nach wie vor auf eine Nachprüfung der Kommissionsentscheidung beschränkt und nicht dazu berufen, seine Einschätzungen an die Stelle der der Kommission zu setzen (außer im Bereich der Sanktionsverhängung wegen Art. 261 AEUV).[71] Es kann also im Hinblick auf die Bewertung nur eine Vertretbarkeitskontrolle erfolgen[72], im Hinblick auf die dieser zugrunde gelegte Tatsachenbasis aber eine weiter greifende Prüfung auf die Vollständigkeit und Relevanz der Daten. Wieweit die Kontrolldichtekonzeption des EuGH in seiner Entscheidungspraxis dann der Kommission bei ihrer Bewertung einen Beurteilungsspielraum zuerkennt, ist im Detail durchaus umstritten.[73] Jedenfalls setzt sich der EuGH mit den ökonomischen Analysen der Kommission auseinander[74], sofern dahingehend vom Kläger auch Rügen erhoben wur-

---

67 Vgl. EuG, Rs. T-201/04, Rn. 89.

68 EuGH, Rs. C-382/12 P, Rn. 155 f. Vgl. auch H. P. Nehl, in Immenga/Körber, Die Kommission zwischen Gestaltungsmacht und Rechtsbindung, 2012, 113 (140), der mit Recht feststellt, dass es auf Tatbestandsseite zu keiner vollständigen Substitution der Ausübung des Verwaltungsermessens durch den EuGH kommt.

69 H. P. Nehl, Judicial Review, in Mendes (Hrsg.), EU Executive Discretion and the Limits of Law, 2019, 157 (182 f, 197).

70 Vgl. M. Dawson, How Can EU Law Contain Economic Discretion?, in Mendes (Hrsg.), EU Executive Discretion and the Limits of Law, 2019, 64 (67).

71 Vgl. EuGH, Rs. C-441/07 P, Alrosa, Rn. 67.

72 Vgl. auch P. Pohlmann, FS Möschel, 2011, 471 (486 f).

73 Vgl. H. P. Nehl, Judicial Review, in Mendes (Hrsg.), EU Executive Discretion and the Limits of Law, 2019, 157 (177 f).

74 M. Jaeger, The Standard of Review in Competition Cases, JECLAP 2011, 295 (301, 309 f); P. Pohlmann, FS Möschel, 2011, 471 (475 f, 484).

den.[75] Die Auswahl der anzuwendenden ökonomischen Modelle und Methoden und ihre Anwendung auf den zur Entscheidung stehenden Fall liegen jedenfalls eindeutig im primären Zugriff der Kommission. Insoweit stehen ihr durchaus Spielräume offen.[76] Allerdings erfordert effektiver Rechtsschutz auch bei Anerkennung der Spielräume der Kommission, dass sich der EuGH, genauer gesagt, das Gericht als Tatsacheninstanz (Art. 256 AEUV), mit dem gewählten ökonomischen Modell auseinandersetzt, weil erst das die Kontrolle der ordnungsgemäßen Erhebung der relevanten Daten durch die Kommission erlaubt.

Wenn die Kommission den Begriff des potentiellen Wettbewerbs und den des Fortschritts sehr weit ausdehnen und von der Betrachtung eines konkreten Produktmarkts abweichen will, indem sie die Analyse von Innovationskapazitäten in einer bestimmten Branche darunter subsumiert, stellt sich im Lichte der Rückanbindung an den im Normwortlaut vorgesehenen Wettbewerbsschutz die Frage, inwieweit damit konkrete ökonomische Theorien über und Modelle des Wettbewerb angewendet werden sollen. Insoweit werden von Kritikern „erhebliche Unsicherheiten“[77] geltend gemacht; es gibt für die Bewertung von Innovationsauswirkungen von Fusionen *keine klare ökonomische Theorie*.[78] Wohl aus diesem Grund hatte sich die Kommission bislang nicht eindeutig zu den Auswirkungen von Fusionen auf Innovationen positioniert. In der Entscheidung Dow/DuPont ist sie nunmehr sehr entschieden aufgetreten.[79] Hinzu kommt, dass die Bewertung künftiger Prozesse aufgrund der Prognoseunsicherheit wenig sicher ist. Die Bewertung unterliegt bei der weiten Prospektion in die Zukunft, die über die bisher üblichen Zeiträume von 2-4 Jahren hinausgeht, aufgrund der Fehlens klarer ökonomischer Modelle erhöhter Fehleranfäl-

---

75 Vgl. EuGH, Rs C-603/13 P, Rn. 72 – Galp: „Wie der Gerichtshof bereits mehrfach dargelegt hat, erstreckt sich die in Art. 263 AEUV vorgesehene Rechtmäßigkeitskontrolle insoweit auf sämtliche Bestandteile der Entscheidungen der Kommission in Verfahren nach den Art. 101 AEUV und 102 AEUV, deren eingehende rechtliche und tatsächliche Kontrolle das Gericht sicherstellt, und zwar auf der Grundlage der von den betreffenden Klägern geltend gemachten Klagegründe“. Zu dieser wichtigen Eigenart des Verfahrens vor dem EuGH s. H. P. Nehl, Judicial Review, in Mendes (Hrsg.), EU Executive Discretion and the Limits of Law, 2019, 157 (164 f).

76 Vgl. P. Pohlmann, FS Möschel, 2011, 471 (484).

77 Vgl. Spangler/Heppner, PharmR 2018, 522 (523).

78 Vgl. Haucap, Merger Effects on Innovation: A Rationale for Stricter Merger Control?, DICE Discussion Paper 268, 2017, S. 5 ff.

79 Wirtz/Schulz, NZKart 2019, 20 (22).

ligkeit, so dass die Betrachtung der Kommission eher als unberechenbar, wenig operabel und wenig vorhersehbar eingeschätzt werden kann.[80]

Mit dieser weiten Ausdehnung der tatbestandlichen Begrifflichkeiten der Fusionskontrollregelungen bei den Innovationsanalysen beansprucht die Kommission somit einen erheblichen Beurteilungsspielraum. Im Lichte der Rechtssicherheit und der gerichtlichen Kontrollierbarkeit dieser wettbewerblichen Analysen sind daher gesteigerte Anforderungen an die Begründung dieser ökonomischen Analysen zu stellen. Die Anwendung innovationsbezogener neuer Schadenstheorien durch die Kommission in ihren wettbewerbsrechtlichen Entscheidungen bedarf einer Intensität der Begründung, die die Vorhersehbarkeit von Entscheidungen für die Wettbewerbsteilnehmer sichert und zugleich dem Gericht der EU die – wie dargelegt - verstärkte Kontrolle gerade im Hinblick auf die Tatsachenbasis der Kommissionsentscheidung ermöglicht. Das erfordert die Formulierung von Anforderungen an die Kommission, ihre wirtschaftswissenschaftlichen Analysemodelle zur Beurteilung der Auswirkungen einer beabsichtigten Fusion und die dabei von ihr zugrunde gelegten Theorien offenzulegen, sie also in der Begründung anzugeben und über ihre Eignung Rechenschaft abzulegen. Die Modelle müssen plausibel begründet und mit empirischen Daten zu den zugrunde gelegten Kausalitäten unterlegt sein. Schon an der bisherigen Entscheidungspraxis der Kommission - unabhängig von der Anwendung der neuen Schadenstheorien - wurde hinsichtlich der Verwendung ökonomischer Modelle in der Literatur kritisiert, dass häufig eine Begründung für die Auswahl der verwendeten Simulationsmodelle fehlt.[81]

In den Kommissionsentscheidungen Dow/DuPont und Bayer/Monsanto hat sich die Kommission hinsichtlich eines ökonomischen Modells sehr zurückgehalten. Sie hat ihre Entscheidung auf eine spezifische Analyse der einschlägigen Fakten vor dem Hintergrund des von ihr geltend gemachten rechtlichen und ökonomischen Rahmens gestützt.[82] Der ökonomische Rahmen wurde nur knapp dargelegt[83]; es findet sich bezüglich einer näheren ökonomischen Herleitung der von der Kommission behaupteten negativen Wettbewerbseffekte der Fusion bezüglich künftiger Innovation nur wenig.

80 So von Wirtz/Schulz, NZKart 2019, 20 (22 f).

81 Vgl. etwa P. Pohlmann, FS Möschel, 2011, 471 (482).

82 Vgl. Entscheidung Bayer/Monsanto, Rn. 93 f, 108.

83 Entscheidung Bayer/Monsanto, Rn. 75-88.

Ein weiterer Aspekt der Rechtslage unterstützt die hier aufgestellte Anforderung an die Begründungen durch die Kommission. Die Leitlinien der Kommission zur Fusionskontrolle sind ein Instrument, das zur Rechtssicherheit beiträgt. Der EuGH hat daher in ständiger Rechtsprechung[84] die Selbstbindung der Kommission an die Leitlinien (konkret ging es um die zur Festsetzung von Geldbußen) und damit an die dort zugrunde gelegte Entscheidungspraxis und ihre Grundlagen betont. Eine Neuausrichtung, die diese Grundlagen erweitert und sie damit in gewisser Weise ändert, bedarf danach einer expliziten Begründung. Die Kommission hat in ihren beiden Fällen versucht darzulegen, dass die Formulierungen in den Leitlinien zur Fusionskontrolle auch die neue Schadenstheorie im Bereich Innovationswettbewerb stützten. Das ist – wegen der wie oben dargelegt – erkennbaren Neuorientierung der Betrachtung nicht völlig überzeugend. Da die Judikatur für jedes Abweichen von den in den Leitlinien festgelegten Entscheidungsgrundlagen eine Begründung erfordert, tut die Kommission auch in dieser Hinsicht gut daran, ihre neue Schadenstheorie besser zu begründen.

D. *Verteidigungsrechte und Waffengleichheit*

Die Unbestimmtheit von Tatbeständen im Wettbewerbsrecht und damit einhergehende Spielräume der Europäischen Kommission stellen schließlich auch noch Herausforderungen im Hinblick auf die Wahrung der Verteidigungsrechte betroffener Unternehmen. Es wurde bereits deutlich, dass Anforderungen an die Ausübung des behördlichen Spielraums nicht nur der Rechtssicherheit und der gerichtlichen Kontrolle dienen, sondern dass damit auch Anforderungen an die behördliche Begründung im Interesse der Vorhersehbarkeit der behördlichen Entscheidungstätigkeit gesetzt werden. Die Begründungsanforderungen erlauben nicht nur im objektiven In-

84 Urteil vom 28. Juni 2005, Dansk Rørindustri u. a./Kommission (C-189/02 P, C-202/02 P, C-205/02 P bis C-208/02 P und C-213/02 P), ECLI:EU:C:2005:408, Rn. 209-211, 213, 222; Urteil vom 22.05.2008, Evonik Degussa /Kommission (C-266/06 P), ECLI: EU: C: 2008:295, Rn. 53, 60-62; Urteil vom 21. September 2006, JCB Service/Kommission (C-167/04 P), ECLI:EU:C:2006:594, Rn. 207-209; Urteil vom 29. September 2011, Arkema / Kommission (C-520/09 P), ECLI:EU:C: 2011:619, Rn. 88. Bloße Entscheidungspraxis begründet keinen Vertrauensschutz, vgl. Urteil v. 13. Mai 2015, Niki Luftfahrt /Kommission, ECLI: EU: T: 2015:283, Rn 142-143; Urteil v. 06. Juli 2010, Ryanair Holdings/Kommission, ECLI: EU: T: 2010:280. Dazu näher H. P. Nehl, Judicial Review, in Mendes (Hrsg.), EU Executive Discretion and the Limits of Law, 2019, 157 (172 f).

teresse die Ausübung gerichtlicher Kontrolle, sondern dienen auch der Wahrung der Verteidigungsrechte der Betroffenen, weil nur dadurch die Betroffenen in die Lage versetzt werden, die Erfolgsaussichten eines Rechtsbehelfs zu beurteilen. Eine wenig verständliche, in ihren Argumentationsketten unbestimmte Begründung würde einem Unternehmen die Ausübung seiner Verteidigungsmöglichkeiten verwehren. Wie soll ein Unternehmen sich gegen postulierte Innovationsbehinderungen qualifiziert verteidigen können, wenn die Grundlage dieser wettbewerblichen Betrachtung nicht nachvollziehbar ist. Die prozessuale Waffengleichheit erfordert somit auch im subjektiven Interesse des Betroffenen eine nachvollziehbare Begründung von belastenden Entscheidungen der Kommission.[85] Theoriemodelle und daraus gewonnene ökonomische Bewertungen können nur angegriffen werden, wenn sie offengelegt werden und ihre Grundlagen erläutert werden. Das Gebot der Wahrung der Verteidigungsrechte (Art. 48 GRC) bestätigt damit zum einen die Anforderungen an die Begründungspflichten der Kommission.

Zum anderen führt das zur Frage, ob im Licht der Waffengleichheit dann nicht auch die Anforderungen an die Geltendmachung von Einwänden und Gegenargumenten durch die Betroffenen, insbesondere im Hinblick auf Effizienzeinreden, die die Schadenstheorie zumindest teilweise widerlegen könnten, entsprechend großzügiger zu handhaben sind. Die Einräumung eines so weiten Spielraums für die Kommission in der Anwendung des Wettbewerbsrechts durch Zulassung von allgemeinen, nicht konkret marktbezogenen Innovationsbetrachtungen muss im Interesse der Waffengleichheit dann einhergehen mit entsprechenden Argumentationsspielräumen der Betroffenen zugunsten von Effizienzen, die aus dem Zusammenschlussvorhaben folgen könnten, wie etwa die Stärkung der Innovationskraft der neuen Einheit. Bekanntlich sind die Anforderungen an Effizienzeinreden der Betroffenen in der Anwendung des Wettbewerbsrechts jedoch sehr hoch; es werden strenge Kriterien angelegt.[86] „Die Effizienzvorteile müssen den Verbrauchern zu gute kommen, fusionsspezifisch und überprüfbar sein, damit die Kommission geltend gemachte Effizienzvorteile bei der Beurteilung eines Zusammenschlusses berücksichtigen und diesen aufgrund von Effizienzvorteilen für vereinbar mit dem Gemeinsamen Markt erklären kann. Diese Bedingungen müssen kumulativ vorliegen."[87]

85 Vgl. Wirtz/Schulz, NZKart 2019, 20 (26).

86 Bundeskartellamt, Leitpapier Innovationen - Herausforderungen für die Kartellrechtspraxis, November 2017, S. 29.

87 Leitlinien zu horizontalen Zusammenschlüssen (Fn 7), Tz. 78.

Überprüfbarkeit setzt dabei voraus, dass Effizienzvorteile nachprüfbar und mit Zahlenangaben untermauert sein müssen. Es müssen „klar identifizierbare und nicht lediglich marginale positive Wirkungen auf die Verbraucher vorhersehbar sein." Insbesondere wehrt sich die Kommission gegen weite Zukunftsprojektionen, weil es dann unwahrscheinlich werde, dass die Kommission in der Lage ist, ihr Eintreten festzustellen.[88] Gerade diese hohen Anforderungen an Überprüfbarkeit scheinen bei den Innovationsbetrachtungen der Kommission selbst nicht ohne weiteres vorzuliegen. Die Beweislast für positive Effekte liegt bei den Betroffenen.[89] Das Bestehen auf sehr konkreten Angaben, die die Effizienzvorteile als wahrscheinlich darstellen, steht in einem Spannungsverhältnis hierzu, wenn man an die Wahrscheinlichkeit und Konkretisierung der Effizienzen zugunsten der Betroffenen einen anderen Maßstab anlegte.[90] Auch die Anforderung der Spezifität erscheint angesichts der allgemeinen, auch industrieweiten Innovationsbetrachtungen der Kommission nicht mehr ohne weiteres akzeptabel.

In der Entscheidung Dow/DuPont hat die Kommission Effizienzeinreden der Beteiligten als unbewiesen und unsubstantiiert zurückgewiesen.[91] Im Hinblick auf die Nachprüfbarkeit hat die Kommission den Beteiligten vorgehalten: "All the efficiencies alleged by the Parties depend on future strategic decisions by the companies and on detailed knowledge of companies' assets and capabilities and of the function of the industry and its dynamics. They likely take place in the long-term based on a complex and long chain of events. The efficiencies are thus difficult for the Commission to verify on its own and the submissions by the Parties do not provide any concrete evidence on how these efficiencies are being planned and how much they would improve the productivity of the merged entity."[92] Misst die Kommission hier nicht mit zweierlei Maß, verglichen mit ihrer eigenen Zukunftsprojektion? Die Kommission legt ihrer eigenen Zukunftsprojektion in ihren Entscheidungen einen Zeitraum von 6-8 Jahren zugrunde, will Effizienzeinreden der Beteiligten aber auf einen Zeitraum von 2-4 Jahren beschränken.[93] Diese Ungleichbehandlung vergleichbarer Sachverhalte

88 Leitlinien (Fn 7), Tz. 86.

89 Leitlinien (Fn 7), Tz. 87.

90 Wirtz/Schulz, NZKart 2019, 20 (28) befürchten, dass die Erfolgsaussichten einer Effizienzeinrede „noch schwieriger werden".

91 Entscheidung Dow/DuPont, Rn. 3265 ff.

92 Entscheidung Dow/DuPont, Rn. 3280.

93 S. auch Haucap, Merger Effects on Innovation: A Rationale for Stricter Merger Control?, DICE Discussion Paper 268, 2017, S. 1, 9 f.

ist unakzeptabel. Hier muss die Kommission im Interesse der Waffengleichheit und der Wahrung der Verteidigungsrechte gleiche Standards anlegen.

E. Fazit: Innovationsschaden als Anlass für Neuregelungen?

Die Hinwendung der Fusionskontrolle zur Analyse von Innovationsvorgängen erscheint grundsätzlich als rechtstaatlich im Rahmen der weiten Tatbestände des Wettbewerbsrechts möglich. Allerdings gehen damit im Interesse der Rechtssicherheit und Bestimmtheit Anforderungen an die Begründung durch die Kommission, die Handhabung der gerichtlichen Kontrolldichte und die Waffengleichheit einher, die vorstehend entwickelt wurden.

Die hier behandelte Thematik einer rechtstaatlich abgesicherten Innovationsbetrachtung in der Fusionskontrolle ist in einem größeren Kontext zu sehen. Die Digitalisierung der gesamten Wirtschaft, insbesondere die Digitalwirtschaft selbst, stößt ganz grundlegend die Frage nach dem Umgang des Wettbewerbsrechts mit technischen Innovationen an. Innovationsvorgänge einzubeziehen, stellt sich nicht nur in der Fusionskontrolle als zunehmend bedeutsamer dar.

Die damit einhergehenden rechtstaatlichen Herausforderungen, die vorstehend im Hinblick auf die Fusionskontrolle skizziert wurden, und nach einer größeren Vorhersehbarkeit der Entscheidungen und ihrer zugrunde gelegten Parameter und ökonomischen Modelle rufen, entsprechen auch andernorts formulierten Anforderungen. So spricht sich der Bericht des UK Digital Competition Expert Panel für folgendes aus: "Our recommendations also update merger policy to protect consumers and innovation, preserving competition for the market. Central to updating merger policy is ensuring *that it can be more forward-looking and take better account of technological developments. This will require updated guidance about how to conduct these assessments based on the latest economic understanding, and updated legislation clarifying the standards for blocking or conditioning a merger*. We believe that the correct application of economic analysis would result in more merger enforcement. This would be welcome given that historically there has been little scrutiny and no blocking of an acquisition by the major digital platforms. This suggests that previous practice has not had any 'false positives,' blocking mergers that should have been allowed, while it may well have had 'false negatives,' approving mergers that should not have been allowed." [94] Allerdings ist der Forderung nach Rechtsänderung mit Vorsicht zu begegnen, da die von der Kommission in den hier besprochenen Entscheidungen angestellten Erwägungen zur Behandlung von Innovationsauswirkungen bei Fusionen sich nicht ohne weiteres auf alle denkbaren Branchen übertragen lassen. In der Digitalwirtschaft, gerade bei Plattformen, ist aufgrund ihrer Multifunktionalität die Identifizierung von Innovationsräumen, in denen ein Innovationswettbewerb oder –markt betrachtet werden kann, sehr viel schwieriger, weil technische Innovation im Bereich Datenverarbeitung und daraus resultierende Dienstleistungen für Nutzer sehr viel schneller in andere Bereiche übertragen werden können.[95] Das ist bei Innovation im Pflanzenschutzbereich nicht der Fall. Die Neuformulierung von allgemeinen gesetzlichen Tatbeständen setzt daher voraus, dass man den Anwendungsbereich der Schadenstheorie exakt bestimmt. Es wäre daher erst einmal wichtig, die einschlägigen Leitlinien der Kommission zur Fusionskontrolle zu überarbeiten, um dort die von der Kommission ihrer Bewertung in den Fällen Dow/DuPont und Bayer/Monsanto zugrunde gelegte neue Schadenstheorie für Innovationen, ihre Voraussetzungen und ihren Anwendungsbereich explizit zu formulieren. Diese Anwendungspraxishinweise würden die Rechtssicherheit in diesem doch neuen Bereich erheblich stärken.

---

94 Unlocking Digital Competition, sog. Furman-Bericht, 13.3.2019, S. 6; https://assets.publishing.service.gov.uk/government/uploads/system/uploads/attachment_data/file/785547/unlocking_digital_competition_furman_review_web.pdf.

95 Vgl. hierzu J. Crémer/Y.A. de Montjoye/H. Schweitzer, Competition Policy for the Digital Era. Final Report for the European Commission, 2019, 120 ff, die sich daher in diesen Fällen dafür aussprechen, der Analyse einen Nutzerraum anstelle eines Innovationsraums zugrunde zu legen.

GWB-Digitalisierungsgesetz und Kommission Wettbewerbsrecht 4.0 als Bausteine digitaler Ordnungspolitik[1]

Dr. Daniel Fülling[2]

A. Herausforderung ordnungspolitischer Prinzipien durch die Digitalisierung

Die Digitalisierung führt zu grundlegenden Veränderungen in Wirtschaft und Gesellschaft. Es entstehen fortlaufend neue Geschäftsmodelle. Was früher der Zugang zu Kohle und Stahl war, ist heute der Zugang zu Daten und Plattformen. Die Dynamik der Veränderungen ist historisch ohne Vergleich. Aufgabe wirtschaftspolitischen Handelns ist es, diese Entwicklung aktiv zu gestalten und die mit ihr verbundenen Herausforderungen zu bewältigen.

Die Frage, wie die Wettbewerbspolitik auf die Besonderheiten von datengetriebenen Geschäftsmodellen und Plattformmärkten reagieren soll, hat Hochkonjunktur. Dies belegen zahlreiche Veröffentlichungen in der jüngeren Zeit. Wir können auf Grundlage von statistischen Daten feststellen, dass die Unternehmenskonzentration steigt. In den USA ist dieser Effekt stark zu beobachten, in Europa – noch – weniger.

---

1 Der Beitrag beruht auf dem Vortrag des Verfassers auf den 2. Kölner Kartellrechtsgesprächen am 26. Juni 2019 in Köln.

2 Dr. Daniel Fülling ist Referent im Referat „Grundsatzfragen der Wettbewerbspolitik, Kartellrecht, wettbewerbspolitische Fragen der Digitalisierung“ des Bundesministerium für Wirtschaft und Energie. Der Beitrag gibt seine persönliche Sicht wieder.

Die Aufrechterhaltung des Wettbewerbs in der digitalen Ökonomie ist insbesondere vor dem Hintergrund der bislang schwer vergleichbaren Dynamiken auf diesen Märkten zumindest erheblich herausfordernder geworden. Infolge von Skalen- und Verbundvorteilen sowie starker Netzwerkeffekte lassen sich in der Plattformökonomie Marktkonzentrations- und Monopolisierungstendenzen beobachten, die mit den bisher zu Verfügung stehenden Mitteln des Wettbewerbsrechts zuweilen schwierig zu kontern sind. Das Resultat ist, dass im Bereich digitaler Plattformen – zumindest im Hinblick auf die Marktkapitalisierung – einige wenige Unternehmen, insbesondere aus den USA, marktführend sind, während sich europäische Unternehmen im Vergleich bisher schwergetan haben.

Der dynamische Wettbewerb in der digitalen Ökonomie führt zu „Winner-takes-it-all"-Märkten, auf denen der Wettbewerb schnell zum Erliegen kommen kann. Um den Wettbewerb zu fördern, müssen Stellschrauben am Wettbewerbsrecht verändert werden: Märkte müssen bestreitbar bleiben und neu hinzukommende Unternehmen die Möglichkeit haben, etablierten Konkurrenten Marktanteile abzugreifen. Dies kann nur gelingen, wenn die kartellrechtliche Missbrauchsaufsicht in die Lage versetzt wird, den Missbrauch von Marktmacht auf digitalen Märkten schnell und effektiv abzustellen. Dafür ist es erforderlich, die Besonderheiten von Plattformmärkten in den Blick zu nehmen und Datenzugangsrechte zu definieren.

Mit dem Entwurf eines GWB-Digitalisierungsgesetzes legt das Bundesministerium für Wirtschaft und Energie konkrete Vorschläge für die Anpassung des nationalen Wettbewerbsrechts vor. Darüber hinaus hat die vom Bundesminister für Wirtschaft und Energie, Peter Altmaier, eingesetzte „Kommission Wettbewerbsrecht 4.0" ihre Empfehlungen für eine Reform vor allem des europäischen Wettbewerbsrechts vorgestellt.

B. GWB-Digitalisierungsgesetz

Die sog. „ECN+ Richtlinie"[3] verfolgt das Ziel, die nationalen Wettbewerbsbehörden zu stärken und die Wettbewerbsvorschriften besser durchzusetzen. Um die Richtlinie in deutsches Recht umzusetzen, muss das Gesetz gegen Wettbewerbsbeschränkungen novelliert werden. Diese Gelegenheit

---

3 RICHTLINIE (EU) 2019/1 DES EUROPÄISCHEN PARLAMENTS UND DES RATES vom 11. Dezember 2018 zur Stärkung der Wettbewerbsbehörden der Mitgliedstaaten im Hinblick auf eine wirksamere Durchsetzung der Wettbewerbsvorschriften und zur Gewährleistung des reibungslosen Funktionierens des Binnenmarkts.

wird zugleich dazu genutzt, die Vorgaben des Koalitionsvertrages umzusetzen und die Missbrauchsaufsicht im Hinblick auf digitale Märkte weiter zu modernisieren. Der Koalitionsvertrag enthält die Vorgabe, dass der „Missbrauch von Marktmacht vor allem auf sich schnell verändernden Märkten zügig und effektiv" abgestellt werden muss. Dafür soll die „wettbewerbsbehördliche Aufsicht weiterentwickelt" werden – „insbesondere im Hinblick auf Missbräuche von Plattformunternehmen".

Input für die Überarbeitung der Missbrauchsaufsicht kam insbesondere aus der vom Bundesministerium für Wirtschaft und Energie in Auftrag gegebenen Studie zur „Modernisierung der Missbrauchsaufsicht für marktmächtige Unternehmen", die von Prof. Dr. Heike Schweitzer, Prof. Dr. Justus Haucap, Prof. Dr. Wolfgang Kerber und Robert Welker erstellt wurde. Die soeben erwähnte Studie lieferte weitere Ansatzpunkte für die Reform des Wettbewerbsrechts, auch wenn sie zum Ergebnis kommt, dass die Regelungen zum Verbot des Missbrauchs marktbeherrschender Stellungen im Großen und Ganzen auch in digitalisierten Märkten effektiv eingesetzt werden könnten. Das GWB-Digitalisierungsgesetz nimmt die Ansatzpunkte auf, um einen gesunden und maßvollen Ausgleich zwischen den Wachstumsmöglichkeiten deutscher und europäischer Plattformen einerseits und der Verhinderung des Missbrauchs von Marktmacht andererseits zu gewährleisten. Dabei wurde die in der Praxis weit verbreitete Skepsis gegenüber zu weitreichenden und nationalen Änderungen in der Missbrauchsaufsicht durchaus berücksichtigt. Eine sich dynamisch verändernde digitale Wirtschaft erfordert jedoch, dass auch das Wettbewerbsrecht rechtzeitig noch stärker auf die neuen wirtschaftlichen Rahmenbedingungen angepasst wird.

Mit dem Referentenentwurf wird das Konzept der „Intermediationsmacht" in das Gesetz aufgenommen. Unter „Intermediationsmacht" ist die Steuerungsmöglichkeit von Plattformen auf mehrseitigen Märkten zu verstehen, durch die sie z. B. das „Listing" bzw. „Ranking" von Anbietern derart beeinflussen können, dass sie deren wirtschaftliche Tätigkeit erheblich einschränken oder ihnen den Marktzugang vollständig versperren können. Dieses Marktverhalten kann durch den neuen § 18 Abs. 3b GWB die Feststellung marktmachtmissbräuchlichen Verhaltens erheblich erleichtern. Zudem soll das Prinzip der Ausnutzung relativer Marktmacht in § 20 Abs. 1 GWB nicht nur auf KMU beschränkt bleiben, sodass auch große Unternehmen vom Schutzbereich der Norm umfasst sein sollen.

Ein weiterer Schwerpunkt im GWB-Digitalisierungsgesetz liegt darauf, die Monopolisierung von digitalen Märkten durch missbräuchliche Ausnutzung von starken Netzwerkeffekten zu verhindern (sog. „Tipping"). Ein Zurückführen eines „gekippten" Marktes in einen funktionierenden Zustand mit vorhandenem Wettbewerb ist kaum zu bewerkstelligen, weshalb der neu geschaffene § 20 Abs. 3a GWB zum Ziel hat, durch einen neuen Eingriffstatbestand die Möglichkeit zu schaffen, eine nicht rückgängig zu machende Marktbeherrschung oder gar Monopolisierung von Märkten aktiv zu verhindern. Ausgenommen davon sind selbstverständlich solche Märkte, deren verdichtete Marktstruktur auf wenige oder sogar ein einziges Unternehmen auf kartellrechtlich einwandfreien Leistungswettbewerb zurückzuführen ist.

Ein wesentliches Charakteristikum digitaler Märkte ist, dass sich neue Produkte und Dienstleistungen unheimlich schnell entwickeln und dadurch Unternehmen sehr schnell sehr große Marktanteile erlangen. Das Wettbewerbsrecht muss deshalb in der Lage sein, mit diesen Entwicklungen Schritt zu halten und bei wettbewerbsrechtlichen Verstößen schnell eingreifen zu können. Auch der Koalitionsvertrag hat diese Notwendigkeit erkannt und das Ziel bestimmt, die Durchsetzung des Wettbewerbsrecht gerade durch das Instrumentarium der einstweiligen Maßnahme wesentlich zu beschleunigen, ohne dabei rechtsstaatliche Garantien einzuschränken. Zu den geplanten Maßnahmen gehören, die Anforderungen für den Erlass einstweiliger Maßnahmen abzusenken sowie die Akteneinsicht und die Gewährung rechtlichen Gehörs unter dem Aspekt der Verfahrensbeschleunigung effektiver zu gestalten.

Die vergangen Jahre haben im Bereich der *Fusionskontrolle* gezeigt, dass die Anzahl der Fusionskontrollanmeldungen beim Bundeskartellamt von Jahr zu Jahr kontinuierlich steigt. Um das Bundeskartellamt zu entlasten und die Fusionskontrolle auf volkswirtschaftlich bedeutendere Zusammenschlüsse zu fokussieren, sieht der Entwurf des GWB-Digitalisierungsgesetzes eine Anhebung der zweiten Inlandsumsatzschwelle von fünf auf zehn Millionen Euro (§ 35 Abs. 1 Nr. 2 GWB) vor. Weitere Elemente zur verbesserten Fusionskontrolle liegen in der Modifikation der Bagatellmarktklausel und in Änderungen beim Fristenregime. Dagegen findet sich im GWB-Digitalisierungsgesetz kein – wie in der öffentlichen Diskussion häufig vorgeschlagen – spezifischer Untersagungstatbestand für die Fälle der Marktabschottung durch den strategischen Aufkauf von Startups.

Abbildung 1: Beim Bundeskartellamt angemeldete Zusammenschlüsse[4]

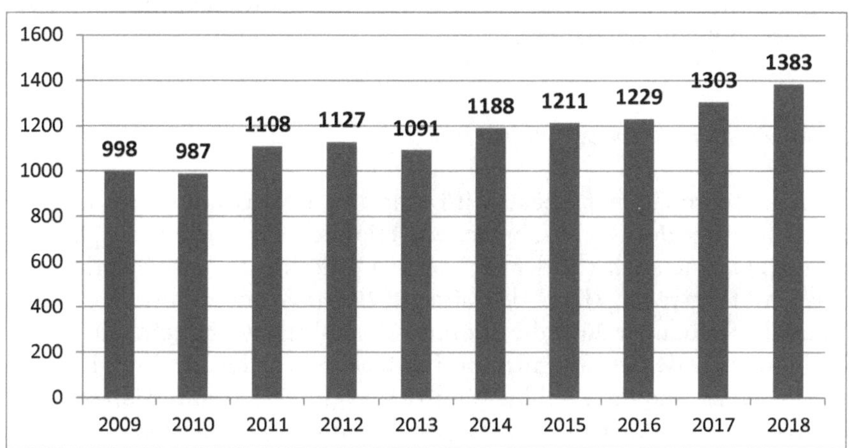

Im Dezember 2018 wurde die Richtlinie (EU) 2019/1 „zur Stärkung der Wettbewerbsbehörden der Mitgliedstaaten im Hinblick auf eine wirksamere Durchsetzung der Wettbewerbsvorschriften und zur Gewährleistung des reibungslosen Funktionierens des Binnenmarkts" („*ECN+ Richtlinie*") beschlossen. Ihr Ziel ist vor dem Hintergrund der dezentralen Kartellrechtsanwendung innerhalb der Europäischen Union eine Stärkung der einzelnen nationalen Wettbewerbsbehörden und damit auch des Netzwerks der europäischen Wettbewerbsbehörden (ECN). Um dies zu erreichen, sieht die Richtlinie eine Vereinheitlichung des nationalen Wettbewerbsrechts im Hinblick auf die Unabhängigkeit, die Ressourcen und die Befugnisse im Bereich der Durchsetzung und der Verhängung von Geldbußen der nationalen Wettbewerbsbehörden vor. Jeder Mitgliedstaat hat die Pflicht, die „ECN+ Richtlinie" bis zum 4. Februar 2021 umzusetzen. Das durch das Bundesministerium für Wirtschaft und Energie ausgearbeitete GWB-Digitalisierungsgesetz dient der rechtzeitigen Umsetzung dieser Richtlinie.

Eine vollständige Revision des deutschen Wettbewerbsrechts ist mit der Umsetzung der ECN+ Richtlinie nicht angestrebt und auch nicht notwendig. Das deutsche Recht genügt grundsätzlich bereits vielen Vorgaben der Richtlinie. Allerdings erfordert die Umsetzung der Richtlinie durchaus punktuelle Änderungen. Dazu gehören die Erweiterung der Ermittlungsbefugnisse der Kartellbehörden, insbesondere im Hinblick auf Auskunfts-

4 Eigene Abbildung. Datenquelle: Bundeskartellamt.

verlangen, eine Kodifizierung der Vorschriften über das Kronzeugenprogramm sowie die verfahrensrechtliche Stärkung der Kartellbehörden in gerichtlichen Bußgeldverfahren.

C. Kommission Wettbewerbsrecht 4.0

Auch auf europäischer Ebene wird eine intensive Diskussion über eine Überarbeitung des Rechtsrahmens im Hinblick auf digitalisierte Märkte geführt. Gerade auch vor dem Hintergrund der deutschen Ratspräsidentschaft in der zweiten Hälfte des Jahres 2020 hat Bundesminister Peter Altmaier im September 2018 die „Kommission Wettbewerbsrecht 4.0“ eingesetzt. Vorsitzende der Kommission sind Martin Schallbruch, Prof. Dr. Heike Schweitzer und Prof. Achim Wambach, Ph.D. Die Kommission soll Vorschläge für einen neuen Wettbewerbsrahmen digitaler Märkte erarbeiten. Zu diesem Zweck führt die Kommission Anhörungen mit Vertretern der Wirtschaft (z.B. Digital- und Plattformunternehmen), öffentlichen Behörden (u.a. Statistisches Bundesamt sowie Datenschutzbehörden), Wissenschaft (verschiedene Forschungsinstitute und -zentren), Gewerkschaften, Verbänden und Vertretern der nationalen und europäischen Wettbewerbsbehörden durch. Das BMWi begleitet die Arbeit der Kommission intensiv. Die Arbeit der Kommission konnte daher bereits bei der Erarbeitung des GWB-Digitalisierungsgesetzes berücksichtigt werden.

Das Bundesministerium für Wirtschaft und Energie wird die zentralen Ergebnisse der Kommission Wettbewerbsrecht 4.0 einer eingehenden Würdigung unterziehen und an die künftige EU-Kommission adressieren, um einen Diskussionsprozess zu initiieren und möglicherweise konkrete legislative Maßnahmen auf EU-Ebene auf den Weg zu bringen. Dieser Prozess ist insbesondere im Hinblick auf die deutsche Ratspräsidentschaft 2020 wichtig.

D. Wettbewerb und Globalisierung

Nicht nur die Digitalisierung führt dazu, dass das Wettbewerbsrecht modernisiert werden muss. Derzeit sind globale Kräfte- und Wohlstandsverschiebungen, eine zunehmende Unternehmenskonzentration insbesondere in den USA, die Zunahme staatlicher Interventionen in den Wettbewerb und die Abkehr von multilateralen Vereinbarungen zu beobachten.

Aus wirtschaftspolitischer Perspektive muss darauf reagiert werden. Freie und offene Märkte setzen vergleichbare Rahmen- und Marktzugangsbedingungen für alle Marktteilnehmer und Wettbewerber voraus. Deutschland und Europa müssen aktiver gegen Wettbewerbsverzerrungen durch andere Länder vorgehen. Dazu muss mittel- bis langfristig insbesondere die WTO gestärkt werden. Bis eine Reform der WTO umgesetzt ist, müssen alle Bereiche der Wirtschaftspolitik darauf geprüft werden, wie im Interesse Europas und seiner Bürgerinnen und Bürger auf die Herausforderungen der Globalisierung reagiert werden kann. Die Entwicklung des globalen Wettbewerbs und die Bedingungen außerhalb des europäischen Binnenmarkts müssen auch bei der Weiterentwicklung des Wettbewerbsrechts berücksichtigt werden. Das Wettbewerbsrecht kann dabei aber nur ein Element einer übergreifenden Strategie sein.

Überlegungen zu einem Beitrag des Wettbewerbsrechts betreffen beispielsweise Vorschläge zu einer Modernisierung der EU-Fusionskontrolle. Eine Überarbeitung der zentralen Leitlinien in Hinblick auf die geographische Marktabgrenzung, den Prognosezeitraum und potentielle Marktzutritte wäre eine weitere mögliche Maßnahme. Zudem müssen die Besonderheiten von staatlich subventionierten Unternehmen bzw. Unternehmen im Staatsbesitz stärker berücksichtigt werden. Und schließlich müssen europäische und deutsche Unternehmen mehr Rechtssicherheit bei Kooperationen erhalten.

Gleichwohl ist festzuhalten, dass die bestehenden wettbewerbsrechtlichen Instrumente grundsätzlich gut funktionieren und keine grundsätzliche Neuausrichtung des bestehenden Wettbewerbsrechts erforderlich ist. Vielmehr muss es behutsam modernisiert werden.

E. Fazit

Neue technologische und globale Marktentwicklungen sind zentrale wirtschaftspolitische Herausforderungen. Die Modernisierung sowohl des nationalen als auch des europäischen Wettbewerbsrechts ist ein wichtiges Handlungsfeld, um diesen Herausforderungen gerecht zu werden. In den kommenden Monaten werden wir weiter intensiv darüber diskutieren, wie die erforderlichen Reformen im Einzelnen ausgestaltet werden sollten.

Schutz von Nutzerdaten durch Missbrauchskontrolle – das Bundeskartellamt als Datenschutzbehörde

Christian Schwedler[1]

Mit seinem Beschluss vom 6. Februar 2019[2] („Facebook-Beschluss") gegen verschiedene Unternehmen der Facebook-Gruppe („Facebook") hat das Bundeskartellamt kartellrechtliches Neuland betreten.[3] Es hat sich jedoch zugleich auch tief in die Gefilde des Datenschutzrechts vorgewagt. Nicht

---

1 Der Autor ist Rechtsanwalt der Kanzlei WilmerHale und berät Facebook unter anderem im Zusammenhang mit dem Bundeskartellamtsverfahren gegen Facebook. Dieser Beitrag gibt ausschließlich Auffassungen und Meinungen des Autors wieder.

2 Az. B6-22/16; die nicht-vertrauliche Version des Beschlusses ist abrufbar unter https://www.bundeskartellamt.de/SharedDocs/Entscheidung/DE/Entscheidungen/Missbrauchsaufsicht/ 2019/B6-22-16.html.

3 Der 1. Kartellsenat des Oberlandesgerichts Düsseldorf hat der Position des Bundeskartellamts in seiner Entscheidung über die aufschiebende Wirkung der Beschwerde von Facebook gegen den Facebook-Beschluss vorläufig eine deutliche Absage er-

nur, dass der Beschluss den Großteil der Missbrauchsprüfung auf eine detaillierte Anwendung von Art. 6 Abs. 1 und Art. 9 der Datenschutz-Grundverordnung[4] („DSGVO") verwendet. Auch die öffentlichen Statements des Bundeskartellamts in unmittelbarem Zusammenhang mit der Bekanntmachung des Beschlusses betonten stets die Bedeutung, die der Facebook-Beschluss für den Datenschutz der Facebook-Nutzer haben soll. Das Bundeskartellamt hat Facebook nach eigenen Angaben „weitreichende Beschränkungen bei der Verarbeitung von Nutzerdaten auferlegt", mit dem Ziel „eine Art innere Entflechtung bei den Daten" zu erreichen.[5] Den zu beseitigenden Schaden erblickte das Bundeskartellamt ganz wesentlich „in einem Kontrollverlust für den Nutzer", der „nicht mehr selbstbestimmt über seine persönlichen Daten verfügen" könne.[6]

Der vorliegende Beitrag nimmt diese zumindest *eindeutig auch* datenschutzorientierte Zielsetzung des Facebook-Beschlusses zum Anlass, das Tätigwerden des Bundeskartellamts im Bereich des Datenschutzes aus datenschutzrechtlicher Sicht einzuordnen. Vor diesem Hintergrund werden sowohl die rechtlichen als auch die rechtspolitischen Implikationen einer Durchsetzungstätigkeit des Bundeskartellamts im Bereich des Datenschutzrechtes diskutiert. Es zeigt sich, dass das Vorgehen des Bundeskartellamts alles andere als unproblematisch ist.

---

teilt; Beschluss vom 26. August 2019, VI-Kart 1/19 (V), NZKart 2019, 495. Auch in der kartellrechtlichen Literatur wurde das Vorgehen des Bundeskartellamts gegen Facebook bereits intensiv diskutiert; z.B. Körber, NZKart 2019, 187; Wils, Concurrences No. 3-2019; Mohr, EuZW 2019, 265; Ellger, WuW 2019, 446; Hoffer/Lehr, NZKart 2019, 10; Satzky, NZKart 2018, 554; Ellger, ZWeR 2018, 272; Bischke/Brack, NZG 2016, 502; Frank, ZWeR 2016, 137; Haucap, D-Kart Blog vom 7. Februar 2019; Podszun, D-Kart Blog vom 8 Februar 2019; Brinkmann, D-Kart Blog vom 19. Februar 2019; Brankin/Mattioli, Law360 vom 11. März 2019.

4 Verordnung (EU) 2016/679 des Europäischen Parlaments und des Rates vom 27. April 2016 zum Schutz natürlicher Personen bei der Verarbeitung personenbezogener Daten, zum freien Datenverkehr und zur Aufhebung der Richtlinie 95/46/EG (Datenschutz-Grundverordnung), ABl. Nr. L 119 vom 4. Mai 2016, S. 1.

5 Pressemitteilung des Bundeskartellamts vom 7. Februar 2019, Bundeskartellamt untersagt Facebook die Zusammenführung von Nutzerdaten aus verschiedenen Quellen.

6 Bundeskartellamt, Hintergrundinformationen zum Facebook-Verfahren des Bundeskartellamts vom 7. Februar 2019, S. 5.

I. Verhältnis von Datenschutz- und Kartellrecht

Datenschutz- und Kartellrecht stehen auf unionsrechtlicher Ebene grundsätzlich gleichberechtigt nebeneinander, ohne das dem einen oder anderen Rechtssystem ein Vorrang eingeräumt wäre. Weder das Unionsprimärrecht noch das Unionssekundärrecht enthalten eine ausdrückliche „Scharniernorm", die das Verhältnis von Datenschutz- und Kartellrecht ausdrücklich regeln würde. Auch ausdrückliche Aussagen der EU-Institutionen gab es bislang nicht.[7]

Der Schutz personenbezogener Daten ist sowohl nach Art. 8 der Charta der Grundrechte der Europäischen Union („GR-Charta") als auch Art. 16 des Vertrags über die Arbeitsweise der Europäischen Union („AEUV") primärrechtlich garantiert und Teil der Grundsätze, die die Politiken der Europäischen Union bestimmen. Er ist durch die DSGVO umfassend sekundärrechtlich ausgeformt.

Als unmittelbar geltende Verordnung ist die DSGVO heute das primäre Datenschutzrecht in allen EU-Mitgliedstaaten. Der DSGVO widersprechende oder deren Wirkungen behindernde nationale Regelungen gleich welcher Rangstufe müssen infolge des Vorrangs des Unionsrechts unangewendet bleiben. Nationale Datenschutzgesetze sind damit durch die DSGVO weitgehend obsolet geworden und können lediglich auf Grundlage expliziter Spezifizierungs- und Öffnungsklauseln bestimmte Ausführungs-, Durchführungs- oder Spezialbestimmungen enthalten.[8] Die behördliche Durchführung der DSGVO ist dagegen vollständig auf die mitgliedstaatliche Ebene verlagert, wobei die DSGVO auch hier einen klaren Rahmen vorgibt und zum Beispiel die Unabhängigkeit der nationalen Behörden verlangt (Art. 51 Abs. 1 DSGVO). Lediglich die Einheitlichkeit der Anwendung der DSGVO wird durch eine Einrichtung der Union, den Europäischen Datenausschuss (Art. 68 ff. DSGVO) sichergestellt.

---

7 Lediglich die Differenz zwischen Datenschutz- und Wettbewerbsregime wurde bereits wiederholt betont. So betonte die Kommission in ihrer *Google/DoubleClick*-Entscheidung, dass sich die wettbewerbsrechtliche Bewertung nicht auf die Durchsetzung des Datenschutzes beziehe (M.4731, 11. März 2008 – *Google/DoubleClick*, Rn. 368). In *Apple/Shazam* hob sie hervor, dass sich die wettbewerbsrechtliche Prüfung nicht auf die Bewertung nach der DSGVO erstrecke (M.8788, 6. September 2018 – *Apple/Shazam*, Rn. 221-238, insb. 238). Auch der EuGH ging in *Asnef-Equifax* davon aus, dass die Verwaltung des EU-Datenschutzregimes von derjenigen des Wettbewerbsrechts zu unterscheiden ist (EuGH, Urteil vom 23. November 2006, C-238/05, Rn. 63 – *Asnef-Equifax*).

8 Selmayr/Ehmann, in: Ehmann/Selmayr, Datenschutz-Grundverordnung, 2. Auflage 2018, Einführung, Rn. 3.

Das europäische Kartellrecht ist in Art. 101 und 102 AEUV primärrechtlich verankert. Sekundärrechtlich ist in der Verordnung 1/2003[9] („VO 1/2003“) und seit kurzem in der Richtlinie 2019/1[10] („ECN+-RL“) vor allen Dingen das Verhältnis des innerstaatlichen zum unionsrechtlichen Kartellrecht sowie die Modalitäten und Aufgaben der Europäischen Kommission („Kommission“) und nationaler Gerichte und Wettbewerbsbehörden bei der Durchführung des unionsrechtlichen Kartellrechts näher geregelt. Danach arbeiten die Kommission und die nationalen Wettbewerbsbehörden im sogenannten Netzwerk der europäischen Wettbewerbsbehörden („ECN“) arbeitsteilig zusammen, um eine effektive behördliche Durchsetzung des Kartellrechts zu gewährleisten.

Anders als beim Datenschutzrecht hat das unionsrechtliche Wettbewerbsrecht das autonome nationale Wettbewerbsrecht nicht vollständig verdrängt bzw. obsolet gemacht. Zum einen sind die Art. 101 und 102 AEUV gemäß der Zwischenstaatlichkeitsklausel von vornherein nur auf Vereinbarungen und Verhaltensweisen anwendbar, die den Handel zwischen Mitgliedstaaten zu beeinträchtigen geeignet sind. Zum anderen gestattet Art. 3 Abs. 2 S. 2 VO 1/2003 den Mitgliedstaaten, im Bereich der einseitigen Handlungen, also der Missbrauchskontrolle des Art. 102 AEUV, auch auf Verhaltensweisen, die die Zwischenstaatlichkeitsklausel erfüllen, strengere innerstaatliche Vorschriften anzuwenden. Tatsächlich hat das Bundeskartellamt für seinen Facebook-Beschluss von dieser Möglichkeit Gebrauch gemacht. Der Beschluss ist ausdrücklich allein auf § 19 Abs. 1 GWB gestützt, da das nach Ansicht des Kartellamts von der deutschen Rechtsprechung für § 19 Abs. 1 GWB entwickelte Schutzkonzept, auf das sich der Facebook-Beschluss maßgeblich stützt, „in der europäischen Rechtsprechung und Anwendungspraxis bisher keine Entsprechung gefunden“ habe (Facebook-Beschluss, Rn. 914).[11]

9 Verordnung (EG) Nr. 1/2003 des Rates vom 16. Dezember 2002 zur Durchführung der in den Artikeln 81 und 82 des Vertrags niedergelegten Wettbewerbsregeln, ABl. Nr. L 1 vom 4. Januar 2003, S. 1.

10 Richtlinie (EU) 2019/1 des Europäischen Parlaments und des Rates vom 11. Dezember 2018 zur Stärkung der Wettbewerbsbehörden der Mitgliedstaaten im Hinblick auf eine wirksamere Durchsetzung der Wettbewerbsvorschriften und zur Gewährleistung des reibungslosen Funktionierens des Binnenmarkts, ABl. Nr. L 11 vom 14. Januar 2019, S. 33.

11 Kritisch hierzu Wils, Concurrences No. 3-2019.

II. Der Facebook-Beschluss im Spannungsfeld von Datenschutz- und Kartellrecht

Mit seinem Facebook-Beschluss bewegt sich das Bundeskartellamt gleichermaßen im System des Kartellrechts wie auch des Datenschutzrechts. Der Gegenstand der Missbrauchsprüfung, die Prüfung selbst sowie die Rechtsfolgen lassen sich problemlos sowohl im Kartellrecht als auch im Datenschutzrecht verorten.

Gegenstand der Missbrauchsprüfung sind die „Datenschutzkonditionen" von Facebook, die die Nutzung des Facebook-Dienstes nach Ansicht des Bundeskartellamts davon abhängig machen, dass Facebook unter anderem Daten aus verschiedenen Quellen außerhalb des Kern-Facebook-Dienstes[12] erheben und mit den bereits bestehenden Informationen über Facebook-Nutzer zusammenführen kann (Facebook-Beschluss, Rn. 522). Diese Konditionen manifestieren sich nach Ansicht des Bundeskartellamts sowohl in bestimmten Bestimmungen der Nutzungsbedingungen und der Datenrichtlinie der Facebook Ireland (Facebook-Beschluss, Rn. 559-568) als auch in der tatsächlichen Datenverarbeitung der Facebook Ireland, die daher ebenfalls von der Missbrauchsprüfung umfasst sei (Facebook-Beschluss, Rn. 563, 568).

Gegenstand der Prüfung ist also die Forderung von Geschäftsbedingungen, wie sie im System des Kartellrechts zum Beispiel im Regelbeispiel des § 19 Abs. 2 Nr. 2 GWB genannt ist.

Gegenstand der Prüfung ist jedoch auch die Verarbeitung personenbezogener Daten im Sinne des Art. 4 Nr. 2 DSGVO. Die Prüfung bewegt sich damit innerhalb des in Art. 2 Abs. 1 DSGVO definierten sachlichen Anwendungsbereichs der DSGVO.

Das Bundeskartellamt stützt den Facebook-Beschluss ausdrücklich auf einen angeblichen „Missbrauch durch Verstoß gegen Datenschutzwertungen" (Facebook-Beschluss, Rn. 525). Entsprechend ist der Kern der Missbrauchsprüfung eine Prüfung der zuvor identifizierten vermeintlichen Datenverarbeitungskonditionen am Maßstab des Art. 6 Abs. 1 und Art. 9 DSGVO (Facebook-Beschluss, Rn. 573-870). Im System des Kartellrechts leitet das Bundeskartellamt aus dem vermeintlichen Verstoß den Vorwurf einer Ausbeutung von Nutzern im Sinne des § 19 Abs. 1 GWB ab. Der vermeintliche Verstoß würde natürlich gleichermaßen im System des Daten-

12 Im Einzelnen sind dies die konzerneigenen Dienste Instagram, WhatsApp, Masquerade und Oculus sowie die sogenannten Facebook Business Tools, über die Facebook bestimmte personenbezogene Daten auch von den Webseiten und Apps Dritter Anbieter erhalten kann.

schutzrechts den Vorwurf einer Verarbeitung personenbezogener Daten ohne wirksame Rechtsgrundlage nach Art. 6 Abs. 1 DSGVO und daraus resultierend eine Verletzung des Datenschutzrechts der betroffenen Nutzer nach Art. 8 GR-Charta begründen.

Die im Beschluss ausgesprochenen Rechtsfolgen umfassen sowohl ein Verbot der vermeintlichen Datenschutzkonditionen (Nr. 1 des Tenors) als auch ein Verbot der tatsächlichen Verarbeitung personenbezogener Daten aus den im Beschluss adressierten Quellen (Nr. 2 des Tenors). Darüber hinaus verpflichtet das Bundeskartellamt Facebook, sich für eine Verarbeitung personenbezogener Daten aus den adressierten Quellen zukünftig nur noch auf die Rechtsgrundlage der Einwilligung im Sinne des Art. 6 Abs. 1 lit. a) DSGVO zu stützen (also nicht mehr auf eine Rechtsgrundlage im Sinne von Art. 6 Abs. 1 lit. b)-f) DSGVO; Nr. 3.b des Tenors). Im System des Kartellrechts rechtfertigt das Bundeskartellamt diese Aussprüche als Abstellungsbeschluss nach § 32 GWB, wobei Nr. 2 des Tenors die „Durchführung" der mit Nr. 1 des Tenors untersagten Konditionen verbieten soll. Die Rechtsfolgen sind jedoch teilweise zugleich identisch mit solchen, die eine Datenschutzbehörde auf Grundlage von Art. 58 Abs. 2 DSGVO erlassen könnte (die Feststellung eines Verstoßes natürlich vorausgesetzt). Nach Art. 58 Abs. 2 lit. f) DSGVO können Datenschutzbehörden bestimmte Verarbeitungen verbieten – wie mit Nr. 2 des Tenors geschehen. Nach Art. 58 Abs. 2 lit. d) DSGVO können Datenschutzbehörden Anweisungen erteilen, Verarbeitungen auf bestimmte Weise in Einklang mit der DSGVO zu bringen – wie mit Nr. 3.b des Tenors geschehen.

1. *Potentieller Konflikt mit Strukturmerkmalen der DSGVO*

Das Vorgehen einer Wettbewerbsbehörde im Anwendungsbereich der DSGVO begründet ein erhebliches Risiko, mit der behördlichen Durchsetzung der DSGVO in Konflikt zu geraten. Die Gründe dafür liegen in grundlegenden Strukturmerkmalen der DSGVO und insbesondere dem in der DSGVO vorgegebenen System der behördlichen Datenschutzdurchsetzung.

Die DSGVO trifft eine umfassende Regelung in einer *multipolaren Grundrechtssituation*. Natürlich konkretisiert sie den Umfang und die Ausgestaltung des Schutzes personenbezogener Daten. Sie bringt diesen Schutz aber auch in Einklang mit den anderen unionsrechtlich garantierten Rechten und Freiheiten. Die DSGVO ist bereits ihrem Titel nach nicht nur eine „Datenschutz"-Verordnung, sondern auch eine Verordnung „zum freien Datenverkehr" (siehe auch Erw.Gr. 13 DSGVO). Die DSGVO gewährt den Datenschutz nicht schrankenlos, sondern zielt darauf ab, einen angemessenen Ausgleich z.B. mit den Grundrechten und -freiheiten des für die Verarbeitung Verantwortlichen wie der unternehmerischen Freiheit (Art. 16 GR-Charta) sowie der Grundfreiheit auf grenzüberschreitende Datenverarbeitung im Binnenmarkt (Art. 56 AEUV) zu erreichen.[13] Die DSGVO setzt auf diese Weise Vorgaben um, die der Europäische Gerichtshof („EuGH") in der Vergangenheit bereits wiederholt formuliert hat.[14]

Um diesem Anspruch gerecht zu werden enthält die DSGVO eine umfassende und grundsätzlich abschließende Ordnung der Datenverarbeitung. Dies betrifft zum einen die materiell-rechtlichen Vorschriften über die Zulässigkeit von Datenverarbeitungen, die eine erschöpfende und abschließende Regelung aller Einzelfälle enthalten, in denen eine Datenverarbeitung als rechtmäßig anzusehen ist. Nach ständiger Rechtsprechung des EuGH hat bereits die Datenschutzrichtlinie[15] eine solche umfassende Harmonisierung bewirkt.[16] Dies gilt erst recht für die DSGVO, die die materiell-rechtlichen europäischen Datenverarbeitungsregelungen von einer Richtlinie in eine unmittelbar anwendbare Verordnung überführt hat. Aufgrund der von der DSGVO adressierten multipolaren Grundrechtssituation dürfen die Mitgliedstaaten das Schutzniveau weder herabsetzen, noch erhöhen, z.B. durch Einführung spezifischer Verarbeitungsregelungen für bestimmte Unternehmen. Eine Herabsetzung des Schutzniveaus würde die Grundrechte der von Verarbeitungen betroffenen Personen, eine Erhöhung des Schutzniveaus die Grundrechte und Grundfreiheiten der Unternehmen, die sich auf die Erlaubnisse zur Datenverarbeitung gemäß der DSGVO stützen, verletzen.

---

13 Erw.Gr. 4 und 123 DSGVO; siehe z.B. auch Europäischer Datenschutzausschuss, Opinion 5/2019 on the interplay between the ePrivacy Directive and the GDPR, in particular regarding the competence, tasks and powers of data protection authorities, 12. März 2019, Rn. 19, der betont, dass die DSGVO auf einen *Ausgleich zwischen den möglichen Vorteilen und Nachteilen* der Verarbeitung personenbezogener Daten abzielt.

14 Vgl. grundlegend EuGH, Urteil vom 6. November 2003, C-101/01, Rn. 87, 97 – *Lindqvist*; Urteil vom 9. März 2010, C-518/07, Rn. 24 – *Kommission/Deutschland*; Urteil vom 6. Oktober 2015, C-362/14, Rn. 42 – *Schrems*.

15 Richtlinie 95/46/EG des Europäischen Parlaments und des Rates vom 24. Oktober 1995 zum Schutz natürlicher Personen bei der Verarbeitung personenbezogener Daten und zum freien Datenverkehr, ABl. Nr. L 281 vom 23. November 1995, S. 31.

16 EuGH, Urteil vom 24. November 2011, C-468/10 und C-469/10, Rn. 33 ff. – *ASNEF und FECEMD*; EuGH, Urteil vom 19. Oktober 2016, C-582/14, Rn. 58 – *Breyer*.

Zum anderen hat die DSGVO ein umfassend geregeltes System der behördlichen Rechtsdurchsetzung eingeführt (Art. 51-76 DSGVO). Dabei war es das erklärte Ziel des EU-Gesetzgebers, eine umfassende Harmonisierung des europäischen Datenschutzrechts, also eine Vollharmonisierung auch auf der Ebene der Normanwendung zu erreichen.[17] Unterschiede bei der Umsetzung und Anwendung des europäischen Datenschutzrechts, die noch unter der Datenschutzrichtlinie zu teilweise erheblicher Rechtsunsicherheit geführt hatten, sollen durch die DSGVO zukünftig verhindert werden. Ein gleichmäßiges und hohes Schutzniveau sowie eine einheitliche Anwendung sollen Hemmnisse für den Verkehr personenbezogener Daten in der EU beseitigen und Wettbewerbsverzerrungen verhindern (vgl. Erw.Gr. 9, 10 und 13 DSGVO).

Genau wie die materiellen Anforderungen an die Rechtmäßigkeit von Datenverarbeitungen ist also auch das harmonisierte Durchsetzungssystem Bestandteil des Ausgleichs widerstreitender Rechte und Freiheiten, der in der DSGVO erreicht werden soll. Der Europäische Datenschutzausschuss hat in diesem Zusammenhang z.B. erläutert, dass Datenschutzbehörden durch Art. 51 Abs. 1 DSGVO den Auftrag erhalten hätten, die Anwendung der DSGVO zu überwachen, um das Datenschutzrecht der betroffenen Personen zu schützen *und* den freien Datenverkehr in der EU zu ermöglichen. Die in der DSGVO vorgesehenen Spezifizierungs- und Öffnungsklauseln seien daher als „Abweichungen von der allgemeinen Regel" eng auszulegen. Dort wo die DSGVO Abweichungen von den Befugnissen und Aufgaben der Datenschutzbehörden zulasse, regele sie dies explizit.[18]

Es existiert in der DSGVO keine Spezifizierungs- oder Öffnungsklausel, die es Mitgliedstaaten gestatten würde, auch Nicht-Datenschutzbehörden, also z.B. einer Wettbewerbsbehörde Durchsetzungsbefugnisse im Anwendungsbereich der DSGVO auszuüben. Eine nationale Behörde, die wie das Bundeskartellamt mit seinem Facebook-Beschluss Datenverarbeitungen prüft und vermeintliche Datenschutzrechtsverstöße zum Anlass nimmt, restriktive Maßnahmen in Bezug auf die Datenverarbeitung eines für die Verarbeitung Verantwortlichen zu erlassen, setzt das Datenschutzrecht neben und zusätzlich zu dem in der DSGVO vorgesehenen behördlichen Durch-

17 Selmayr/Ehmann, in: Ehmann/Selmayr, Datenschutz-Grundverordnung, 2. Auflage 2018, Einführung, Rn. 75, 79, 88; Sydow, in: Sydow, Europäische Datenschutzgrundverordnung, 2. Auflage 2018, Einleitung, Rn. 1, 2.

18 Europäischer Datenschutzausschuss, Opinion 5/2019 on the interplay between the ePrivacy Directive and the GDPR, in particular regarding the competence, tasks and powers of data protection authorities, 12. März 2019, Rn. 53-55.

setzungssystem durch. Sie riskiert auf diese Weise, den in der DSGVO angestrebten Ausgleich in Ungleichgewicht zu bringen.

2. *Potentieller Konflikt mit der Durchsetzungstätigkeit der federführenden Aufsichtsbehörde*

Ein ganz konkretes Konfliktrisiko besteht hinsichtlich der Durchsetzungstätigkeit der federführenden Aufsichtsbehörde (Art. 56 DSGVO). Im Falle von Facebook ist dies die Irish Data Protection Commission („IDPC").

Ein zentrales Element des DSGVO Durchsetzungssystems ist das in Art. 56 Abs. 1 und 6 DSGVO statuierte sogenannte *One-stop-shop*-Prinzip. Für jeden Verantwortlichen ist die für seine Hauptniederlassung (d.h. die Hauptverwaltung in der Union, Art. 4 Nr. 16 DSGVO) zuständige Datenschutzbehörde die „federführende Aufsichtsbehörde" über seine grenzüberschreitenden Datenverarbeitungen und sein „einziger Ansprechpartner". Andere von der jeweiligen grenzüberschreitenden Datenverarbeitung betroffene Datenschutzbehörden können sich im Rahmen des formalisierten Verfahrens der Zusammenarbeit und Kohärenz gemäß Art. 60 ff. DSGVO beteiligen. Z.B. erhalten sie vorab einen Beschlussentwurf der federführenden Aufsichtsbehörde und können, wenn sie nicht einverstanden sind, maßgebliche und begründete Einsprüche einlegen. Geschieht dies, wird der Fall gemäß dem Kohärenzmechanismus gemäß Art. 63-65 DSGVO dem Europäischen Datenschutzausschuss vorgelegt. Dieser trifft einen verbindlichen Beschluss mit Bindungswirkung gegenüber allen nationalen Datenschutzbehörden (Art. 65 Abs. 1 DSGVO), der zentral durch eine Nichtigkeitsklage beim Gericht gemäß Art. 263 Abs. 4 AEUV angegriffen werden muss (Erw.Gr. 143 DSGVO). Letztlich ist es wiederum die federführende Aufsichtsbehörde, die auf Basis des verbindlichen Beschlusses des Europäischen Datenschutzausschusses den endgültigen Beschluss gegenüber dem Verantwortlichen erlässt und durchsetzt (Art. 65 Abs. 1 und Erw.Gr. 125-126 DSGVO).

Die federführende Aufsichtsbehörde für die grenzüberschreitende Datenverarbeitung von Facebook und anderen großen Tech-Unternehmen wie Apple, Microsoft oder Twitter in der EU ist die IDPC. Diese führt gegenwärtig nicht weniger als 10 aufsichtsrechtliche Untersuchungen der Datenverarbeitungsaktivitäten von Facebook oder mit Facebook verbundenen Unternehmen durch. Diese Untersuchungen betreffen unter anderem die gleichen datenschutzrechtlichen Fragen, mit denen sich auch das Bundeskartellamt in seinem Facebook-Beschluss befasst. Sie gehen z.B. der Frage nach, ob Facebook sich für seine Datenverarbeitungen im Zusammenhang mit einer Nutzung der Facebook-Plattform oder für Verhaltensanalysen und interessenbasierte Werbung auf wirksame Rechtsgrundlagen nach der DSGVO stützen kann.[19] Wenigstens einige der Verfahren, insbesondere zu interessenbasierter Werbung, sollen noch im Jahr 2019 abgeschlossen werden.[20]

Die Verfahren der IDPC sind eingebettet in den Zusammenarbeits- und Kohärenzmechanismus nach Art. 60-65 DSGVO. Sie werden entweder in eine mit den anderen betroffenen Datenschutzbehörden abgestimmte Entscheidung der IDPC oder eine bindende Entscheidung des Europäischen Datenschutzausschusses münden. Auf diese Weise ist eine einheitliche Anwendung des Datenschutzrechts durch die Datenschutzbehörden der Mitgliedstaaten, der eine angemessene Berücksichtigung der Ansichten und Bedenken aller betroffenen mitgliedstaatlichen Datenschutzbehörden zugrunde liegt, sichergestellt.

Der Facebook-Beschluss erging an diesem abgestimmten System der behördlichen Datenschutzdurchsetzung vorbei. Zwar hatte das Bundeskartellamt im Rahmen des Verfahrens Kontakt zu einigen Datenschutzbehörden.[21] Der Facebook-Beschluss erging jedoch, bevor die in der DSGVO vorgesehenen Mechanismen zur Sicherstellung einer unionsweit einheitlichen Rechtsanwendung greifen konnten. Die zuständige Datenschutzbehörde IDPC hat ihre Verfahren noch nicht abgeschlossen. Die Datenschutzbehörden anderer betroffener Mitgliedstaaten hatten keine Gelegenheit, ihre Sichtweise geltend zu machen. Der Europäische Datenschutzausschuss hatte keine Gelegenheit, bestimmungsgemäß die einheitliche Anwendung des Datenschutzrechts in der EU sicherzustellen.

Die Entscheidung des Bundeskartellamts würde – sollte sie Bestand haben – für Deutschland vollendete Tatsachen schaffen und hinsichtlich großer Teile der Datenverarbeitung von Facebook ein Verbot bzw. eine Regelung der Datenverarbeitung aussprechen. Insbesondere könnte sich Facebook zukünftig von den unterschiedlichen Rechtsgrundlagen des Art. 6 Abs. 1 DSGVO nur noch auf die Einwilligung im Sinne des Art. 6 Abs. 1 lit. a) DSGVO stützen. Es ist kaum zu erwarten, dass diese extreme Position der zukünftigen abgestimmten Position der europäischen Datenschutzbe-

---

19 IDPC Annual Report, 25 May – 31 December 2018, S. 49-53.

20 IDPC Annual Report, 25 May – 31 December 2018, S. 52.

21 Nach eigenen Angaben wurde das Bundeskartellamt bei seinem Verfahren vom Hamburger Datenschutzbeauftragten unterstützt und stand zudem in Kontakt mit dem Bundesbeauftragten für Datenschutz und der belgischen Datenschutzbehörde. Auch mit der IDPC fand offenbar zumindest ein Gespräch statt (Facebook-Beschluss, Rn. 555).

hörden entsprechen wird. Das unabgestimmte Vorgehen einer Nicht-Datenschutzbehörde im Allgemeinen und das Vorgehen des Bundeskartellamts bei Erlass des Facebook-Beschlusses im Speziellen begründen daher ein reales Risiko uneinheitlicher oder sogar widersprechender behördlicher Entscheidungen. Diese Art der uneinheitlichen und unabgestimmten Datenschutzdurchsetzung soll durch die DSGVO gerade verhindert werden.

III. Implikationen für das Vorgehen des Bundeskartellamts oder anderer Nicht-Datenschutzbehörden

Angesichts der vorstehend skizzierten potentiellen Konfliktlage stellt sich die Frage, ob das Datenschutzrecht den Möglichkeiten des Bundeskartellamts oder anderer Nicht-Datenschutzbehörden, im Bereich des Datenschutzrechts tätig zu werden, Grenzen setzt. Aktuell ist diese Frage noch nicht abschließend geklärt. Allein der EuGH wird sie beantworten können und müssen. Sollte der Facebook-Beschluss nicht bereits aus anderen Gründen, z.B. aufgrund der Anwendung von § 19 Abs. 1 GWB durch das Bundeskartellamt aufgehoben werden[22], könnte der EuGH jedoch noch im Verlaufe des Facebook-Verfahrens Gelegenheit erhalten, sich mit dieser Frage zu beschäftigen.

Es lassen sich verschiedene rechtliche Ansatzpunkte identifizieren, die einem Tätigwerden von Nicht-Datenschutzbehörden im Bereich des Datenschutzrechts Schranken setzen könnten. Die praktischen Auswirkungen könnten dabei je nach Ansatzpunkt unterschiedlich sein:

1. Sperrwirkung der DSGVO gegenüber Nicht-Datenschutzbehörden?

Denkbar wäre zunächst eine Auslegung der DSGVO, nach der Befugnisse im Bereich der Datenverarbeitung grundsätzlich nur durch im Einklang mit Art. 51 ff. DSGVO eingerichtete Datenschutzbehörden ausgeübt werden dürfen. Die daraus resultierende Sperrwirkung könnte theoretisch mehr oder weniger weitgehend sein. Eine sehr weitgehende Sperrwirkung

---

22 Angesichts der vorläufigen Beurteilung des OLG Düsseldorf im Verfahren über die aufschiebende Wirkung der Beschwerde von Facebook erscheint dies nicht unwahrscheinlich; vgl. OLG Düsseldorf, Beschluss vom 26. August 2019, VI-Kart 1/19 (V), NZKart 2019, 495.

könnte Nicht-Datenschutzbehörden bereits daran hindern, die DSGVO im Rahmen ihrer Befugnisse in irgendeiner Form, z.B. als Vorfrage auszulegen und anzuwenden. Eine weniger weitgehende Sperrwirkung könnte Datenschutzbehörden jedenfalls die Ausübung behördlicher Durchsetzungszuständigkeiten, -aufgaben und -befugnisse im Sinne des Art. 55-58 DSGVO vorbehalten. Nicht-Datenschutzbehörden wären zwar nicht zwangsläufig daran gehindert, im Rahmen ihrer Befugnisse datenschutzrechtliche Fragen zu erwägen. Sie dürften aber jedenfalls auf Rechtsfolgenseite keine Maßnahmen erlassen, die wie Maßnahmen nach Art. 58 DSGVO direkt die Verarbeitung personenbezogener Daten betreffen.

Für eine mehr oder weniger weitgehende Sperrwirkung spräche zum einen der grundsätzlich abschließende und vollharmonisierende Charakter des in der DSGVO vorgesehenen Durchsetzungssystems. Der Unionsgesetzgeber wollte die behördliche Datenschutzdurchsetzung in der EU grundsätzlich umfassend in der DSGVO regeln. Ziel war eine harmonisierte und einheitliche Anwendung des Datenschutzrechts. Im System der behördlichen Datenschutzdurchsetzung wird dies durch die Konzentrierung von Verfahren und die Letztentscheidung des Europäischen Datenschutzausschusses sichergestellt. Die Anwendung der DSGVO oder gar der Erlass datenverarbeitungsbezogener Maßnahmen durch Nicht-Datenschutzbehörden wäre ein zusätzliches, in der DSGVO nicht vorgesehenes und nicht harmonisiertes Element der behördlichen Datenschutzdurchsetzung, dass diese gesetzgeberische Intention grundsätzlich konterkarieren würde.

Zudem führt eine Datenschutzdurchsetzung durch Nicht-Datenschutzbehörden dazu, dass die Befugnisse und Zuständigkeiten der Datenschutzbehörden untergraben werden. Der Facebook-Beschluss untergräbt z.B. die Befugnis und Zuständigkeit der IDPC, die Aufsicht über Facebooks grenzüberschreitende Datenverarbeitung als einzige Ansprechpartnerin federführend auszuüben. Zudem erhalten auch die anderen betroffenen mitgliedstaatlichen Datenschutzbehörden keine wirksame Möglichkeit, ihren Standpunkt zur Geltung zu bringen – anders als im Rahmen eines Verfahrens der IDPC. Schließlich kann auch der Europäische Datenschutzausschuss seine eigentlich vorgesehene Letztentscheidungskompetenz nicht ausüben.

Eine Sperrwirkung könnte aber auch zum Schutz primärrechtlich verbürgter Rechte und Freiheiten datenverarbeitender Unternehmen in der EU geboten sein. Wie dargelegt ist die DSGVO keine reine Datenschutzverordnung. Sie ist ebenso eine Verordnung zum „freien Datenverkehr". Sie zielt auf einen Ausgleich verschiedener widerstreitender Grundrechtspositionen ab. Dieser Ausgleich soll auf materiellrechtlicher Ebene erreicht werden. Er hat jedoch auch eine prozessuale Dimension. Rechtsunsicherheiten, die den unionsweiten freien Verkehr von Daten behindern, ein Hemmnis für die unionsweite Ausübung von Wirtschaftstätigkeiten darstellen und den Wettbewerb verzerren entstehen auch durch Unterschiede bei der Umsetzung und Anwendung des EU-Datenschutzrechts. Aus diesem Grund soll die DSGVO auch „eine gleichmäßige Kontrolle der Verarbeitung personenbezogener Daten und gleichwertige Sanktionen in allen Mitgliedstaaten sowie eine wirksame Zusammenarbeit zwischen den Aufsichtsbehörden der einzelnen Mitgliedstaaten" gewährleisten (vgl. Erw.Gr. 9 und 13 DSGVO).

Nach dem Willen des Unionsgesetzgebers hat das harmonisierte Durchsetzungssystem also möglicherweise auch eine subjektiv-rechtliche Dimension. Unternehmerische Freiheit und Dienstleistungsfreiheit könnten verarbeitenden Unternehmen ein subjektives Recht einräumen, dass die behördliche Aufsicht über ihre Datenverarbeitung tatsächlich im Rahmen des harmonisierten Durchsetzungssystems der DSGVO, im Falle der grenzüberschreitenden Datenverarbeitung z.B. in einem konzentrierten Verfahren der federführenden Aufsichtsbehörde ausgeübt wird. Die noch unter der Datenschutzrichtlinie vorherrschende Kakophonie paralleler, unkoordinierter und unabgestimmter behördlicher Vollstreckungstätigkeit sollte durch die DSGVO gerade beendet werden.

Bedenken hinsichtlich einer parallelen Datenschutzdurchsetzung durch Nicht-Datenschutzbehörden können jedenfalls nicht durch die Tatsache ausgeräumt werden, dass auch die Entscheidungen von Nicht-Datenschutzbehörden gerichtlich überprüft und letztlich dem EuGH vorgelegt werden könnten, der dann zumindest eine materielle Harmonisierung von Entscheidungen sicherstellen kann. Aus subjektiv-rechtlicher Sicht ist es nicht das Gleiche, ob eine Harmonisierung im Rahmen konzentrierter und koordinierter Verfahren erreicht wird, oder durch verschiedene, parallele Verfahren in unterschiedlichen Mitgliedstaaten, die möglicherweise auf unterschiedlichen Wegen, zu unterschiedlichen Zeiten und mit unterschiedlichen Fragen beim EuGH ankommen könnten. Letzteres wäre für datenverarbeitende Unternehmen in Europa ungleich belastender.

Auf der anderen Seite ist gegenwärtig noch nicht gerichtlich – also durch den EuGH – geklärt, ob der Unionsgesetzgeber tatsächlich so weit gehen wollte, eine abschließende Harmonisierung des Datenschutzrechts auch um den Preis eines Eingriffs in behördliche Kompetenzen in anderen Bereichen vorzunehmen, insbesondere wenn auch diese Kompetenzen der Durchführungen anderer Politiken der EU dienen, z.B. im Bereich des Wettbewerbs- oder Verbraucherschutzrechts.

2. *Eingliederung in das behördliche Durchsetzungssystem der DSGVO?*

Die DSGVO könnte auch dahingehend auszulegen sein, dass sie zwar ein Tätigwerden von Nicht-Datenschutzbehörden im Bereich der Verarbeitung personenbezogener Daten nicht grundsätzlich ausschließt. Sie könnte jedoch verlangen, dass diese auf eine Art und Weise erfolgt, die sich in die behördliche Durchsetzung der der DSGVO einfügt. Ein Mitgliedstaat wäre in diesem Fall nicht prinzipiell daran gehindert, auch Nicht-Datenschutzbehörden grundsätzlich die Befugnis einzuräumen, datenverarbeitungsbezogene Maßnahmen zu erlassen. Dies müsste jedoch innerhalb der Grenzen geschehen, die auch für die DSGVO-Durchsetzung durch die Datenschutzbehörden dieses Mitgliedstaates bestehen.

In diesem Fall müssten Nicht-Datenschutzbehörden und Datenschutzbehörden insbesondere gleichermaßen das *One-stop-shop-Prinzip* respektieren. Für grenzüberschreitende Datenverarbeitungen würde ihre Zuständigkeit durch die generelle (örtliche) Zuständigkeitskonzentration auf die federführende Aufsichtsbehörde gemäß Art. 56 Abs. 1 und 6 DSGVO und den Zusammenarbeits- und Kohärenzmechanismus gemäß Art. 60-65 DSGVO begrenzt. Wie eine Datenschutzbehörde müsste auch die Nicht-Datenschutzbehörde im Falle von Bedenken wegen einer grenzüberschreitenden Datenverarbeitung die federführende Aufsichtsbehörde des für die Verarbeitung Verantwortlichen nach Maßgabe des Art. 61 DSGVO um Amtshilfe ersuchen.

Diese Auslegung würde Friktionen zwischen dem behördlichen Durchsetzungssystem der DSGVO und einer Datenschutzrechtsanwendung durch Nicht-Datenschutzbehörden deutlich reduzieren. Die Zuständigkeiten und Kompetenzen der federführenden Aufsichtsbehörde nach der DSGVO würden durch die Vollzugstätigkeit in anderen Bereichen nicht untergraben. Die für Unternehmen besonders belastende parallele und unabgestimmte Datenschutzdurchsetzung in verschiedenen Mitgliedstaaten würde verhindert.

Allerdings könnte es auch weiterhin zu Konflikten zwischen Datenschutzbehörden und Nicht-Datenschutzbehörden bei der Aufsicht über nicht-grenzüberschreitende Datenverarbeitungen innerhalb eines Mitgliedstaates kommen. Es wäre dann Aufgabe des jeweiligen Mitgliedstaates, derartige Konflikte aufzulösen. Innerhalb des Rechts eines Mitgliedstaates wäre dies möglicherweise noch ohne größere Verwerfungen möglich.

3. *Reduzierung von Konflikten durch prozedurale Maßnahmen*

Denkbar wäre schließlich auch, zumindest das Risiko unbewusst oder ungewollt widersprüchlicher Entscheidungen durch prozessuale Maßnahmen zu reduzieren. Hierzu könnten Nicht-Datenschutzbehörden z.B. verpflichtet werden, die zuständige Datenschutzbehörde zu konsultieren. Um der Intention des Unionsgesetzgebers einer Befugniskonzentration soweit wie möglich Rechnung zu tragen, müsste dies im Falle grenzüberschreitender Datenverarbeitungen die federführende Aufsichtsbehörde sein. Eine solche Konsultation müsste zudem sicherstellen, dass die konsultierte Behörde tatsächlich die Gelegenheit erhält, sich in informierter Weise und in angemessener Zeit inhaltlich zu äußern. Als Maßstab könnte hier z.B. Art. 60 Abs. 3 DSGVO zu Amtshilfeersuchen der federführenden Aufsichtsbehörde dienen. Danach muss diese der ersuchten Behörde den Beschlussentwurf zusammen mit weiteren zweckdienlichen Informationen übermitteln. Dem Standpunkt der ersuchten Behörde muss sie im abschließenden Beschluss gebührend Rechnung tragen.

IV. Sonderfall Facebook-Beschluss

Im Falle des Facebook-Beschlusses treten einige besondere Faktoren hinzu, die das Vorgehen des Bundeskartellamts in besonderem Maße konfliktträchtig machen und dessen Vereinbarkeit mit der DSGVO fraglich erscheinen lassen.

Hierzu zählt die stark datenschutzzentrierte Schadenstheorie des Bundeskartellamts. Das im Facebook-Beschluss als missbräuchlich identifizierte Verhalten erschöpft sich in einem Datenschutzverstoß in Gestalt des Verwendens angeblicher Datenverarbeitungskonditionen, die das Bundeskartellamt für mit den Wertungen der DSGVO unvereinbar hält. Weitere markt- oder wettbewerbsbezogene Handlungen oder Absichten identifiziert das Bundeskartellamt nicht.[23] Die Ermittlungen und Ausführungen des Bundeskartellamts zu vermeintlichen Markt- oder Wettbewerbswirkungen oder -schäden bleiben oberflächlich. Sachverhaltsermittlungen oder ökonomische Analysen enthält der Beschluss dazu nicht. Im Kern scheint es dem Bundeskartellamt in der Tat vor allem um die Stärkung der Nutzer-

23 Was zuletzt durch den Beschluss des OLG Düsseldorf im Verfahren über die aufschiebende Wirkung schonungslos offengelegt wurde; vgl. Beschluss vom 26. August 2019, VI-Kart 1/19 (V), NZKart 2019, 495.

kontrolle über die Datenverwendung von Facebook zu gehen. Im Facebook-Beschluss verschwimmen die Grenzen zwischen einem angeblichen Kartellrechtsbeschluss, der lediglich Wertungen des Datenschutzrechts berücksichtigt, und einem Datenschutzbeschluss.

Ein weiterer wichtiger Faktor sind die weitreichenden Rechtsfolgenaussprüche, die sich direkt auf die Datenverarbeitung von Facebook beziehen. Das Bundeskartellamt untersagt nicht lediglich die Verwendung der als missbräuchlich identifizierten vermeintlichen Datenverarbeitungsbedingungen und deren Durchführung in Form der aktuell vorgenommenen Verarbeitung (Nr. 1 und Nr. 2 des Tenors). Das Amt möchte vielmehr auch die zukünftige Datenverarbeitung von Facebook regulieren. Insbesondere verpflichtet das Bundeskartellamt Facebook dazu, Daten deutscher Nutzer aus den verfahrensgegenständlichen Quellen nur noch zu verarbeiten, wenn Nutzer eine ausdrückliche Einwilligung erteilt haben (Nr. 3.b des Tenors). Diese sehr weitreichende Beschränkung – sie erklärt *de facto* fünf der sechs gesetzlichen Rechtfertigungsgründe für Datenverarbeitungen nach Art. 6 Abs. 1 DSGVO für Facebook für unanwendbar – ist nicht an den vermeintlichen aktuellen Marktmachtmissbrauch geknüpft. Es handelt sich um eine grundsätzliche strukturelle Maßnahme, die das Amt selbst als „Entflechtung bei den Daten bezeichnet". Das Amt stellt also nicht nur einen Missbrauch ab, sondern gibt vor, wie Facebook zukünftig Daten deutscher Nutzer zu verarbeiten hat. Auch hierdurch erhält der Facebook-Beschluss einen „Datenschutzcharakter", der über die bloße Berücksichtigung datenschutzrechtlicher Wertungen im Rahmen einer Kartellprüfung hinausgeht.

Schließlich handelt es sich beim Facebook-Beschluss um einen „nationalen Alleingang" des Bundeskartellamts. Wie dargelegt stützt sich das Bundeskartellamt im Facebook-Beschluss allein auf § 19 Abs. 1 GWB (Facebook-Beschluss, Rn. 914) und die Eingriffsermächtigung des § 32 GWB. Das Vorgehen des Bundeskartellamts ist auch nicht in die Zusammenarbeit im ECN eingebettet.[24] Das Bundeskartellamt greift also allein auf Grundlage einer nationalen Eingriffsermächtigung in Datenverarbeitungen ein, für die das Unionsrecht durch eine vollharmonisierende Verordnung ein umfassendes Befugnis- und Zuständigkeitsregime enthält. Dies

24 Diese Zusammenarbeit betrifft nicht das rein national-autonome Handeln einer Wettbewerbsbehörde; vgl. Bekanntmachung der Kommission über die Zusammenarbeit innerhalb des Netzes der Wettbewerbsbehörden, ABl. vom 27. April 2004, C 101/43. Auch die erweiterte Zusammenarbeit gemäß der ECN+-RL betrifft keine Verfahren, die ausschließlich auf nationalem Wettbewerbsrecht basieren (Art. 1 Abs. 2 ECN+-RL).

wirft die Frage auf, ob das Vorgehen des Bundeskartellamts – neben den bereits skizzierten potentiellen Konflikten mit der DSGVO – auch den Grundsatz der loyalen Zusammenarbeit nach Art. 4 Abs. 3 EUV verletzen könnte.

Der Grundsatz der loyalen Zusammenarbeit hindert Mitgliedstaaten (was auch deren Behörden einschließt[25]) nicht nur daran, materielle Gesetze zu erlassen, die in direktem Konflikt mit materiellem Unionsrecht stehen. Er verpflichtet Mitgliedstaaten auch dazu, die Modalitäten der behördlichen Durchführung des nationalen Rechts so zu gestalten, dass sie die Tragweite und praktische Wirksamkeit des Unionsrechts nicht beeinträchtigen.[26] Es können sogar Pflichten zwischen den Behörden eines Mitgliedstaates und denjenigen eines anderen Mitgliedstaates entstehen, soweit dies zur effektiven Erreichung der Ziele des Unionsrechts erforderlich ist.[27]

Die durch das Vorgehen des Bundeskartellamts auf Grundlage nationalen Rechts geschaffene Konfliktlage erscheint angesichts der Pflicht der Bundesrepublik Deutschland zur loyalen Zusammenarbeit innerhalb der EU problematisch. Durch die parallelen Untersuchungen der IDPC werden diese Bedenken im konkreten Fall noch einmal verstärkt. Das „Vorpreschen" des Bundeskartellamts auf Grundlage nationalen Rechts hat ein reales Risiko geschaffen, dass die erlassenen datenschutzbezogenen Maßnahmen der abschließenden Bewertung widersprechen könnten, die die IDPC als unionsrechtlich ermächtigte federführende Aufsichtsbehörde auf Basis der (vorrangigen) Vorschriften der DSGVO in absehbarer Zeit treffen wird.

Eine ganz ähnliche Situation ist aus dem Bereich der Kartellrechtsdurchsetzung bekannt. Auch dort kann es vorkommen, dass eine Behörde – in diesem Fall die Kommission – auf Grundlage einer unionsrechtlich vorrangigen Befugnis und nationale Behörden oder Gerichte auf Grundlage einer nachrangigen Befugnis den gleichen Sachverhalt untersuchen. Für diese Situation hat der EuGH in *Masterfoods* entschieden, dass aus der Verpflich-

---

25 Streinz, in: Streinz, EUV/AEUV, 3. Auflage 2018, Art. 4 EUV Rn. 5.

26 EuGH, Urteil vom 21. September 1983, C-205-215/82, Rn. 22 – *Deutsche Milchkontor GmbH*; Streinz, in: Streinz, EUV/AEUV, 3. Auflage 2018, Art. 4 EUV Rn. 53.

27 EuGH, Urteil vom 11. Juni 1991, C-251/89, Rn. 57 (Informationspflicht) – *Athanasopoulos*; Urteil vom 7. Mai 1991, C-340/89, Rn. 16, 17 (gegenseitige Anerkennung) – *Vlassopoulou*; vgl. auch Callies/Kahl/Puttler, in: Callies/Ruffert, EUV/AEUV, 5. Auflage 2016, Art. 4 EUV Rn. 116; Schill/Krenn, in: Grabitz/Hilf/Nettesheim, Das Recht der Europäischen Union, 65. EL August 2018, Art. 4 EUV Rn. 100. Vgl. auch GA Cruz Villalón, Schlussanträge vom 25. Juni 2015, C-230/14, Rn. 49-61 – *Weltimmo*, der das Prinzip der behördlichen Zusammenarbeit auch direkt für die sekundärrechtliche Datenschutzrichtlinie übernimmt.

tung zur loyalen Zusammenarbeit folgt, dass ein (untergeordnetes) nationales Gericht ein Verfahren in dieser Situation nicht weiterbetreiben darf, sondern es zur Vermeidung zuwiderlaufender Entscheidungen aussetzen oder dem EuGH eine Vorabentscheidungsfrage vorlegen muss.[28] Die Situation bei Erlass des Facebook-Beschlusses unterscheidet sich von der *Masterfoods*-Situation insofern als es bei *Masterfoods* um eine klar vorgegebene Hierarchie *innerhalb* des Systems der Kartelldurchsetzung ging, während der Facebook-Beschluss auf Grundlage autonomen nationalen Rechts *außerhalb* des Systems der Datenschutzdurchsetzung ergangen ist. Es erscheint jedoch durchaus denkbar, die *ratio* der *Masterfoods*-Entscheidung auch auf Situationen zu übertragen, in denen sich die Vorrangigkeit einer Kompetenz – hier der zuständigen Datenschutzbehörden – aus dem allgemeinen Vorrang des Unionsrechts ergibt. Auch in einer solchen Situation besteht das Risiko, dass nationale Stellen in loyalitätswidriger Weise Koordinierungs- und Harmonisierungsziele des Unionsrechts untergraben.

V. *Rechtspolitische Erwägungen*

Neben den vorstehend erörterten möglichen rechtlichen Bedenken gegen ein Tätigwerden des Bundeskartellamts oder anderer Nicht-Datenschutzbehörden zum Schutz von Nutzerdaten stellt sich auch die Frage, wie opportun ein solches Vorgehen des Bundeskartellamts tatsächlich ist.

Ohne Frage hat das Bundeskartellamt neben rechtsdogmatischer Kritik für sein Vorgehen auch viel Lob erhalten und Unterstützung erfahren.[29] In den entsprechenden Kommentaren schwingt häufig mehr oder weniger offen die Auffassung mit, dass das Verbraucherschutzrecht im Allgemeinen oder Datenschutzrecht im Speziellen „*underenforced*" seien, dass also nicht in hinreichendem Maße sichergestellt sei, dass die materiellrechtlichen Vorgaben durch Behörden oder Privatkläger auch effektiv durchgesetzt werden.[30] Das Bundeskartellamt mit seiner finanziellen und personellen Schlagkraft, weitreichenden Ermittlungsbefugnissen und Jahrzehnten Erfahrung in der Rechtsdurchsetzung gegen große und wehrhafte Unternehmen auch in komplexen Fällen könnte durchaus zu einer effektiveren

---

28 EuGH, Urteil vom 14. Dezember 2000, C-344/98, Rn. 51, 57 – *Masterfoods*; Urteil vom 28. Februar 1991, C-234/89, Rn. 44-47 – *Delimitis and Henninger Bräu*.

29 Z.B. Podszun, D-Kart Blog vom 8. Februar 2019; Brinkmann, D-Kart Blog vom 19. Februar 2019; Hoffer/Lehr, NZKart 2019, 10; Lillington, Irish Times vom 14. Februar 2019.

30 Vgl. auch Mundt, WuW 2019, 181; ders., Editorial in WRP 9/2018.

Rechtsdurchsetzung beitragen. Das Facebook-Verfahren belegt anschaulich, wie viel Dynamik und öffentliche Aufmerksamkeit entsteht, wenn das Bundeskartellamt seine gesamte Durchsetzungskraft auf ein bestimmtes tatsächlich oder vermeintlich existierendes Problem fokussiert. Das Bild, das sich bei näherer Betrachtung ergibt, muss jedoch zumindest zur Vorsicht mahnen.

Zunächst ist zu konstatieren, dass das Bundeskartellamt gegenwärtig keine Befugnisse zur Durchsetzung des Verbraucher- oder Datenschutzrechts besitzt. Die Übertragung derartiger Befugnisse auf das Bundeskartellamt wurde im Rahmen der 9. GWB-Novelle zwar offen diskutiert. Gemäß eines ausdrücklichen Vorschlags im Gesetzgebungsverfahren sollte das Bundeskartellamt die Kompetenz erhalten, bei Verstößen gegen Normen des wirtschaftlichen Verbraucherrechts (insbesondere UWG, AGB-Recht und Datenschutzrecht) genau wie bei Verstößen gegen das GWB zu ermitteln und diese zu sanktionieren. Zudem sollte zur Sicherung fairen Wettbewerbs als *ultima ratio* eine missbrauchsunabhängige Entflechtungsmöglichkeit eingeführt werden.[31] Schlussendlich setzten sich diese Vorschläge jedoch nicht durch. Das Bundeskartellamt legt nun im Facebook-Beschluss eine Auslegung von § 19 Abs. 1 und § 32 GWB zugrunde, die es ermöglicht, einen Verstoß gegen „datenschutzrechtliche Wertungen“ als kartellrechtlichen Missbrauch zu sanktionieren und eine „Entflechtung bei den Daten“ als Rechtsfolge dieses Missbrauchs anzuordnen. An dieser Stelle soll nicht im Detail darauf eingegangen werden, ob die kartellrechtliche Schadenstheorie des Amtes eine hinreichende Stütze in der existierenden Rechtsprechung findet.[32] Es sei jedoch der Hinweis gestattet, dass es jedenfalls Sorgen bereiten müsste, würden überkommene dogmatische Prinzipien des Kartellrechts möglicherweise leichtfertig aufgegeben, um letztlich die gesetzgeberische Entscheidung zu konterkarieren, dem Amt bestimmte Kompetenzen *nicht* einzuräumen – so wünschenswert diese Kompetenzen in den Augen mancher auch gewesen wären.[33]

Darüber hinaus stellt sich aber auch die Frage, ob die vermeintliche Binsenweisheit, Datenschutzrecht sei insbesondere gegenüber den großen Tech-Unternehmen wie Facebook *underenforced*, so (noch) richtig ist. Tatsächlich ist dies aktuell alles andere als klar. Mit Erlass der DSGVO hat der Unionsgesetzgeber die behördliche Datenschutzdurchsetzung erheblich

---

31 Vgl. BT-Drs. 18/11446, S. 17 ff., insb. S. 19 Nr. 3.a) und 4.a); BT-Drs. 18/11456.

32 Das OLG Düsseldorf hat dem eine vorläufige Absage erteilt; Beschluss vom 26. August 2019, VI-Kart 1/19 (V), NZKart 2019, 495.

33 So im Ergebnis auch Satzky, NZKart 2018, 554.

gestärkt. Die DSGVO hat nicht nur Zuständigkeiten harmonisiert. Sie hat Datenschutzbehörden auch mit einem potenten Arsenal von Ermittlungs- und Durchsetzungsbefugnissen ausgestattet. Diese reichen von Auskunfts- und Untersuchungsrechten über Zugangsrechte zu Geschäftsräumen und EDV-Anlagen bis hin zur Möglichkeit einer Verhängung von Bußgeldern von bis zu 4% des weltweiten Jahresumsatzes des Unternehmens (Art. 58, 83 DSGVO). Auch die Rolle von Datenschutzbehörden wurde gestärkt, z.B. durch die Verpflichtung zur Einrichtung unabhängiger Aufsichtsbehörden, die über die personellen, technischen und finanziellen Ressourcen, Räumlichkeiten und Infrastrukturen verfügen, die für eine effektive Aufgabenwahrnehmung notwendig sind (Art. 52 Abs. 4 DSGVO). Um den Anforderungen als federführende Aufsichtsbehörde für große Unternehmen wie Facebook, Apple oder LinkedIn gerecht zu werden, wurde die IDPC zuletzt erheblich ausgebaut. Anfang 2019 hatte sie bereits über 130 Mitarbeiter und soll bis Ende 2019 auf bereits rund 170 Mitarbeiter weiterwachsen.[34] Das Durchsetzungssystem der DSGVO befindet sich zurzeit sicherlich noch in einer Testphase, die noch lange nicht abgeschlossen ist. Erste Entwicklungen lassen aber erahnen, dass das Datenschutzrecht zukünftig kein zahnloser Tiger sein wird.

Jedenfalls auf europäischer Ebene scheint man gewillt zu sein, der behördlichen Datenschutzdurchsetzung im System der DSGVO eine Chance zu geben und sieht aktuell keinen Anlass für den Vorstoß des Bundeskartellamts. Kommissarin Margrethe Vestager stellte diesbezüglich fest: „I don't think we need to look to competition enforcement to fix privacy problems".[35] Und an anderer Stelle: „The European legislator has made sure that the type of conduct in question is addressed by the General Data Protection Regulation."[36]

Auch im Bereich des Verbraucherschutzrechts sind vermeintliche Durchsetzungsdefizite jedenfalls im Fall von Facebook keineswegs ausgemacht. Die Bedingungen von Facebook waren erst vor kurzem Gegenstand einer Durchsetzungsoffensive im Bereich des Verbraucherschutzes. Im April 2019 wurde eine *Consumer Protection Cooperation Action* der Kommission und der Verbraucherschutzbehörden der Mitgliedstaaten zum Abschluss gebracht, in deren Folge sich Facebook zur Überarbeitung seiner

34 Data Protection Commission, Statement of Strategy 2019, S. 2, 9.

35 Margrethe Vestager, "Competition in a Big Data World", Rede vom 17. Januar 2016 auf der DLD16 Konferenz in München.

36 Antwort auf eine schriftliche Frage aus dem Parlament, 8. Mai 2019, P-001183/2019.

Nutzungsbedingungen verpflichtete.[37] Die mit Kommission und Verbraucherschutzbehörden abgestimmten neuen Bedingungen wurden am 31. Juli 2019 eingeführt und enthalten insbesondere einen einleitenden Teil, der das Geschäftsmodell von Facebook (Angebot eines kostenlosen Dienstes, der sich durch die Verwendung von personenbezogenen Daten zur Anzeige interessenbasierter Werbung finanziert) noch deutlicher beschreibt.[38] Kommissarin für Justiz, Verbraucherschutz und Gleichstellung Vera Jourová lobte in der Folge ausdrücklich die Transparenz der überarbeiteten Nutzungsbedingungen und die Effizienz der koordinierten Durchsetzungsinitiative.[39] Auch unter Verbraucherschutzgesichtspunkten ist es daher alles andere als sicher, dass rechtspolitischer Bedarf nach einem Eingreifen des Bundeskartellamts besteht.

VI. Fazit

Im Ergebnis zeigt sich also, dass eine Anwendung der Missbrauchskontrolle zum Schutz von Nutzerdaten rechtlich alles andere als unproblematisch ist. In dem Moment, in dem Nicht-Datenschutzbehörden datenverarbeitungsbezogene Maßnahmen erlassen, greifen sie in ein vollharmonisiertes und ausbalanciertes System ein, das klare gesetzgeberische Ziele verfolgt. Das heißt nicht, dass Nicht-Datenschutzbehörden zwangsläufig daran gehindert sein müssen, derartige Maßnahmen zu erlassen, wenn Datenschutzverstöße in dem jeweilig anderen Rechtsgebiet, auf das sich die Kompetenz der Behörde bezieht, eine eigenständige Bedeutung haben. Dies kann jedoch nicht in einer Art und Weise erfolgen, die die datenschutzrechtliche Dimension eines solchen Vorgehens negiert. *De lege lata* müssen daher folgende klare Leitplanken gelten, um das Risiko möglicher Friktionen mit der behördlichen Datenschutzrechtsdurchsetzung zu minimieren:

- *Datenschutzrecht muss echte Vorfrage bleiben.* Der Schutz von Daten oder des Datenschutzrechts betroffener Personen kann nicht das einzige

37 Vgl. Europäische Kommission, Consumer Protection Cooperation Action on Facebook's Terms of Service, Factsheet, April 2019.

38 https://www.facebook.com/legal/terms.

39 Europäische Kommission, Pressemitteilung vom 9. April 2019, IP/19/2048: *„Von nun an ist es für die Nutzer klar ersichtlich, dass ihre Daten vom sozialen Netzwerk genutzt werden, um maßgeschneiderte Werbeanzeigen zu verkaufen. Durch die Bündelung ihrer Kräfte stehen die Verbraucherschutzbehörden und die Europäische Kommission für die Rechte der Verbraucher in der EU ein."*

oder das vordergründige Ziel der Maßnahmen von Nicht-Datenschutzbehörden sein. Es muss eine Rechtfertigung dafür geben, dass sich eine Nicht-Datenschutzbehörde mit datenschutzrechtlichen Fragen befasst, die genuin in dem Rechtsgebiet liegt, auf das sich die Kompetenz der Behörde bezieht. So kann sich z.B. der Unwertgehalt eines vermeintlichen kartellrechtlichen Missbrauchs nicht in einer „Verletzung datenschutzrechtlicher Wertungen“ erschöpfen. Der Datenschutzverstoß könnte allenfalls ein Mittel zur Durchführung eines Missbrauchs sein, der z.B. in einer gezielten Behinderung von Wettbewerbern oder der strukturellen Abschottung eines Marktes liegt. Andernfalls wäre das Vorgehen der Nicht-Datenschutzbehörde nichts anderes als eine Umgehung der Zuständigkeits- und Kompetenzregeln der DSGVO.

- *Konfliktrisiken mit der behördlichen Datenschutzdurchsetzung sind so weit wie möglich zu minimieren.* Selbst wenn Nicht-Datenschutzbehörden nicht grundsätzlich an einem Erlass datenverarbeitungsbezogener Maßnahmen gehindert sein sollten, verbieten sich „datenschutzrechtliche Alleingänge“. Der Unionsgesetzgeber hat mit der DSGVO das ausdrückliche Ziel verfolgt, dass die Behörden in der EU eine abgestimmte Position zur materiellen Rechtmäßigkeit bestimmter Datenverarbeitungen entwickeln. Handelshemmnisse, die dadurch entstehen, dass verschiedene Behörden die gleichen Datenverarbeitungen unterschiedlich bewerten, sollen verhindert werden. Wenn Nicht-Datenschutzbehörden materielle Datenschutzprüfungen durchführen, müssen daher Wege gefunden werden, das Risiko widersprüchlicher Entscheidungen zu minimieren. Vollständig sichergestellt wäre dies nur, wenn Nicht-Datenschutzbehörden die zuständige Datenschutzbehörde um eine Entscheidung ersuchen. Hierfür könnten die Regeln zur Zusammenarbeit zwischen der federführenden Aufsichtsbehörde und den anderen betroffenen Aufsichtsbehörden des Art. 60 DSGVO oder der gegenseitigen Amtshilfe des Art. 61 DSGVO Vorbild sein. Zumindest wäre aber zu verlangen, dass die Nicht-Datenschutzbehörde die zuständige Datenschutzbehörde substantiell konsultiert.

Jenseits dieser Grenzen wäre ein unionsrechtskonformes Tätigwerden von Nicht-Datenschutzbehörden wie dem Bundeskartellamt zum Schutz von Nutzerdaten nur auf Grundlage einer echten datenschutzrechtlichen Kompetenz denkbar. Der nationale Gesetzgeber ist nicht frei, eine solche Kompetenz nach Belieben im nationalen Recht einzuräumen. Eine Kompetenz zur Durchsetzung des Datenschutzrechts würde in den vollharmonisierten Bereich der DSGVO fallen. Das Bundeskartellamt würde also als *echte* Datenschutzbehörde agieren, deren Kompetenzen und Zuständigkeiten in das System der behördlichen Datenschutzdurchsetzung nach der DSGVO eingegliedert werden und die darin statuierten Befugnisgrenzen beachten müssten. Selbst eine nationale Kompetenz zur Durchsetzung des Datenschutzrechts, wie sie im Gesetzgebungsverfahren der 9. GWB-Novelle vorgeschlagen wurde, hätte das Bundeskartellamt daher nicht in unionsrechtskonformer Weise dazu berechtigt, die grenzüberschreitende Datenverarbeitung von Facebook an der federführenden Datenschutzbehörde vorbei zu prüfen und zu untersagen. Ob die Datenschutzrechtsdurchsetzung auf diese Weise tatsächlich spürbar gestärkt würde, erscheint fraglich.

Auch *de lege ferenda* ist daher das klare Petitum, dass die Durchsetzung des Datenschutzrechts den Datenschutzbehörden überlassen bleiben sollte.

Tagungsbericht zu den 2. Kölner Kartellrechtsgesprächen 2019: Innovation im Kartellrecht – Innovation des Kartellrechts

Charlotte Hasselhorn

Innovationen stellen in einer sich rasant entwickelnden Welt einen zunehmend wichtigen Wettbewerbsparameter dar. Dementsprechend rücken Forschung und Entwicklung immer mehr in den Blick der Wettbewerbsbehörden. Dies gilt nicht nur für die digitale Ökonomie, sondern auch für viele andere forschungsintensive Industrien. In den Entscheidungen *Dow/DuPont*[1] und *Bayer/Monsanto*[2] hat die Kommission jüngst die Auswirkungen eines Zusammenschlusses auf den Innovationswettbewerb umfassend untersucht und dabei neue Maßstäbe gesetzt. Auch das Wettbewerbsrecht selbst sieht sich einem nicht unerheblichen Innovationsdruck ausgesetzt. Die 10. GWB-Novelle, das GWB-Digitalisierungsgesetz, ist auf dem Weg, um den Herausforderungen durch Digitalisierung und Globalisierung zu begegnen. Diesen beiden Themenkomplexen widmeten sich die 2. Kölner Kartellrechtsgespräche am 26.6.2019.

1 *Komm.*, Entsch. v. 27.3.2017, M.7932 – *Dow/DuPont*.
2 *Komm.*, Entsch. v. 21.3.2018, M. 8048 – *Bayer/Monsanto*.

I. Fusionskontrolle und Innovation aus Sicht der EU-Case-Teams

Nach der Begrüßung durch *Prof. Körber*, eröffnet *Frau Panhans* von der Generaldirektion Wettbewerb der EU-Kommission die Tagung mit ihrem Vortrag, in dem sie als Mitglied eines EU-Case-Teams ihre Sicht auf die Berücksichtigung von Innovationen in der Fusionskontrolle darstellt. Einleitend erörtert sie ökonomische Hintergründe der Innovationsanalyse und stellt drei entscheidende Faktoren heraus: die Bestreitbarkeit (contestability), die Aussicht auf Aneignung (appropriability) sowie Effizienzen (efficiencies).

Vor diesem Hintergrund nehme die Kommission in *Dow/DuPont* die Forschungs- und Entwicklungsfähigkeit von Unternehmen, dem Kernbereich von Innovationswettbewerb, in den Blick. Zum einen betrachtet die Kommission bestimmte Forschungsbereiche (sog. innovation spaces) und untersucht sich überschneidende Forschungslinien und frühe Pipelineprodukte. Nach einem Zusammenschluss lohne es sich für das zusammengeschlossene Unternehmen oft nicht mehr, beide Forschungslinien aufrecht zu erhalten.

Zum anderen untersuche die Kommission die Forschungs- und Entwicklungstätigkeit von Unternehmen mit Blick auf die gesamte Industrie. *Panhans* weist darauf hin, dass diese Bedenken vor allem in bereits konzentrierten Industrien mit hohen Marktzutrittsschranken und klar definierten Forschungs- und Entwicklungstätigkeiten, auch z. B. in der Pharmaindustrie, bestehen würden. In der Diskussion betont sie, dass der erwartete Schaden durch den Verlust an Innovationswettbewerb nicht erst in ferner Zukunft zu erwarten sei, sondern vielmehr unmittelbar nach dem Zusammenschluss (etwa durch Einsparungen bei Forschungsausgaben) eintrete.

Mit Blick auf Verpflichtungszusagen zur Ausräumung der Wettbewerbsbedenken sei maßgeblich, dass das zu veräußernde Geschäft dauerhaft lebens- und wettbewerbsfähig sei. Bedenken hinsichtlich des Innovationswettbewerbs führten nicht automatisch zu weiter gefassten Verpflichtungszusagen als Bedenken in Bezug auf den Preiswettbewerb nach dem Zusammenschluss.

II. Fusionskontrolle und Innovation aus Unternehmenssicht

Im Anschluss stellt *Herr Dr. Fort* von der Bayer AG die Sicht eines betroffenen Unternehmens vor. Das Unternehmen sah sich im Zusammenschlussfall *Bayer/Monsanto* jüngst selbst mit den neu entwickelten Grundsätzen der Kommission zur Berücksichtigung des Innovationswettbewerbs konfrontiert.[3] *Fort* richtet seinen Blick besonders auf die praktischen Probleme, die sich aus dem neuen Ansatz der EU-Kommission für die Unternehmen auftun. Eine zentrale Herausforderung sei die Bedeutung von Daten und der Umgang mit Dokumenten. Interne Dokumente der Unternehmen haben in jüngster Kommissionspraxis immer mehr an Bedeutung gewonnen. Im Verfahren *Bayer/Monsanto* hätten die Parteien der Kommission über 1,5 Mio. Dokumente vorgelegt. *Fort* skizziert, wie schwierig sich die Auswahl und Sichtung der für die Kommission relevanten Daten gestalte. Daneben kritisiert er die Auswertung der Daten durch die Kommission, die insbesondere den Kontext, aus dem interne Äußerungen stammten, nicht angemessen berücksichtige.

Praktische Schwierigkeiten ergäben sich aber auch hinsichtlich der Anwendung der neuen Schadenstheorien der Kommission. Als problematisch erweise sich in der Praxis etwa die Identifizierung und Beurteilung der entscheidenden Wettbewerber innerhalb eines Innovationsraumes. Auch die Vorhersage der Auswirkungen eines Zusammenschlusses auf die Innovationsanstrengungen einer gesamten Branche sei für Unternehmen schwierig. Ein Rückgang an Innovationen im Pflanzenschutzsektor könne etwa nicht allein geringerem Wettbewerb zuzuschreiben sein, sondern sei oftmals auch durch hohe Regulierungsanforderungen, Kosten und naturwissenschaftliche Grenzen bedingt. Die Ursachen für sinkende Innovationen zu identifizieren, sei demnach schwierig.

Schließlich geht *Fort* auf Abhilfemöglichkeiten ein. Er ist überzeugt davon, dass der neue Ansatz der Kommission zu breiteren Verpflichtungszusagen führt und widerspricht damit der Ansicht *Panhans*. So entspräche es z.B. nicht der Realität, dass etwa Personal- oder Laborkapazitäten einer bestimmten Forschungslinie exklusiv zugeordnet seien. Vom Vorliegen klar abgrenzbarer Forschungslinien auszugehen, die zu einem Innovationsraum zählten und zur Ausräumung innovationswettbewerblicher Bedenken veräußert werden könnten, sei daher eine Fiktion.

III. Der Einfluss von Fusionen auf Innovations- und Investitionstätigkeit: Eine ökonomische Perspektive

Eine ökonomische Perspektive des Einflusses von Fusionen auf die Innovationstätigkeit von Unternehmen zeigt *Prof. Dr. Götz* von der Justus-Liebig-Universität Giessen auf. Die zentrale Herausforderung hinsichtlich der Be-

3 *Komm.*, Entsch. v. 21.3.2018, M. 8048 – *Bayer/Monsanto*.

stimmung der Auswirkungen von Fusionen auf Innovationen sieht *Götz* in der angemessenen Berücksichtigung von Effizienzgewinnen. In ökonomischen Theorien bestünden Unsicherheiten hinsichtlich des Ausmaßes von Synergien und Effizienzen. Dass Effizienzgewinne in ökonomischen Betrachtungen von Zusammenschlüssen aus diesem Grund außer Betracht gelassen würden, sieht er kritisch und stellt in Frage, dass ein Zusammenschluss auf diese Weise realistisch beurteilt werden könne.

Kritisch bewertet *Götz* auch den zehnjährigen Prognosezeitraum, der in jüngsten Kommissionsentscheidungen bei der Untersuchung der Auswirkungen auf Forschung und Entwicklung zugrunde gelegt werde. Trotz der Unsicherheiten (etwa hinsichtlich technologischer sowie regulatorischer Risiken) derart lange Prognosezeiträume zugrunde zu legen, käme einer Anmaßung von Wissen gleich.

Im Fazit weist *Götz* darauf hin, dass die Duplizierung von Forschungsanstrengungen durch parallele Forschungen in Bezug auf bestimmte Probleme aus ökonomischer Sicht oft keinen Sinn mache, sondern nur unnötige Kosten verursache.

IV. Neue Schadenstheorie und rechtsstaatliche Grundsätze

Im Anschluss untersucht *Prof. Dr. Weiß* von der Deutschen Universität für Verwaltungswissenschaften Speyer die von der Kommission entwickelten Schadenstheorien zum Innovationswettbewerb aus einer verfassungsrechtlichen Perspektive.

Weiß geht zunächst auf die Frage ein, inwieweit die Verwendung unbestimmter Rechtsbegriffe dem Grundsatz der Bestimmtheit von Eingriffsnormen genüge. Die FKVO beinhalte viele unbestimmte Rechtsbegriffe, wie beispielweise in Art. 2 Abs. 1 FKVO der „technische und wirtschaftliche Fortschritt". Nach dem Bestimmtheitsgrundsatz müssten Eingriffsnormen so bestimmt sein, dass die Adressaten in der Lage seien, ihre Rechte und Pflichten eindeutig zu erkennen. Oftmals sei jedoch ein gewisses Maß an Unbestimmtheit notwendig, um dem Ziel der Norm zu entsprechen. Aus dem Grund sei die Verwendung unbestimmter Rechtsbegriffe in der verfassungsrechtlichen Judikatur im Grundsatz anerkannt. Ihre Zulässigkeit sei aber daran geknüpft, dass sie in ihrer Anwendung eine Konkretisierung erführen, was regelmäßig durch Fallgruppenbildung oder der Veröffentlichung von Leitgedanken für die Subsumtion geschehe. Die Einhaltung dieser Grundsätze würde durch die Gerichte kontrolliert, die die Entscheidungen der Kommission in der Fusionskontrolle auf Rechtsmäßigkeit sowie Beweiswürdigung hin überprüfen.

Den Einschätzungen der Kommission über Auswirkungen eines Zusammenschlusses auf den Wettbewerb lägen ökonomische Theorien zugrunde. Daher stelle sich die Frage, inwieweit die Kommission konkrete ökonomische Modelle bei der Auslegung unbestimmter Rechtsbegriffe berücksichtigen müsse. Hinsichtlich der Auswirkungen von Fusionen auf Innovationen existiere keine allgemein anerkannte ökonomische Theorie. Aus Gründen der Rechtssicherheit seien folglich gesteigerte Anforderungen an die Begründung der Kommission bezüglich der Auswahl und Auslegung der im konkreten Fall angewendeten ökonomischen Theorie zu stellen. *Weiß* stellt in Frage, dass die Kommission diesen Anforderungen in *Dow/DuPont* nachgekommen ist.

Sodann nimmt *Weiß* die Verteidigungsrechte der Unternehmen in der Fusionskontrolle in den Blick. Die Anerkennung von Effizienzgewinnen habe hohe Hürden, insbesondere dürften sie nicht zu weit in der Zukunft liegen. Verglichen mit dem langen Prognosehorizont, den die Kommission im Rahmen der wettbewerblichen Beurteilung des Zusammenschlusses nach den Schadenstheorien zum Innovationswettbewerb zugrunde lege, liege ein Ungleichgewicht zwischen den für die Wettbewerbsbeschränkung und für Effizienzgewinne herangezogenen Zeiträumen vor.

Zusammenfassend macht *Weiß* deutlich, dass eine stärkere Berücksichtigung von Innovationsvorgängen in der Fusionskontrolle aus verfassungsrechtlicher Sicht grundsätzlich möglich sei. Mit ihr gingen aber entsprechend höhere Anforderungen an den Begründungsaufwand durch die Kommission sowie die Waffengleichheit einher.

V. 10. GWB-Novelle und Kommission Wettbewerbsrecht 4.0 als Bausteine Digitaler Ordnungspolitik

Nachdem am Vormittag die Beurteilung von Innovationen in der Fusionskontrolle thematisiert wird, widmen sich die Vorträge des Nachmittags der Innovation des Kartellrechts selbst.

Herr Dr. Fülling vom Bundesministerium für Wirtschaft und Energie stellt dazu die 10. GWB-Novelle sowie die Kommission Wettbewerbsrecht 4.0 vor.

Der Referentenentwurf zur 10. GWB-Novelle („GWB-Digitalisierungsgesetz“) stehe kurz vor der Veröffentlichung. Vor diesem Hintergrund geht *Fülling* auf darin adressierte Herausforderungen und zentrale Regelungsbereiche der Novelle ein. Auslöser der Novelle seien, neben der Umsetzung der ECN+-Richtlinie, Digitalisierung und Globalisierung gewesen. Das Wettbewerbsrecht müsse auf die Konzentrationstendenzen von Märkten sowie die wachsende Bedeutung von Daten reagieren. Herausfordernd sei auch, dass Märkte immer dynamischer würden, so dass schnelleres Reagieren und Agieren von Kartellbehörden und Gesetzgebern erforderlich sei. Die zentralen Regelungsbereiche der Novelle lägen in der Missbrauchsaufsicht, der Verfahrensbeschleunigung, der Fusionskontrolle sowie der Umsetzung der ECN+-Richtlinie.

Hinsichtlich der Missbrauchsaufsicht sei ein Aspekt der 10. GWB-Novelle die stärkere Berücksichtigung wettbewerblicher Herausforderungen durch Plattformunternehmen. Diesbezüglich zeichne sich die Einführung der „Intermediationsmacht" als weiteres Kriterium für die Marktmachtanalyse ab. Daneben solle in § 20 Abs. 1 GWB mit Blick auf die Einhegung relativer Marktmacht die Beschränkung auf kleine und mittlere Unternehmen gestrichen werden. Ferner solle ein partielles Datenzugangsrecht geschaffen und der Gefahr der Herbeiführung eines „Tipping" von Märkten in ein unangreifbares Monopol besser begegnet werden.

Um eine Verfahrensbeschleunigung zu erreichen, sollten durch die 10. GWB-Novelle u. a. die Anforderungen an den Erlass einstweiliger Maßnahmen in § 32a GWB abgesenkt werden. Änderungen seien auch mit Blick auf die Anhörung und das Akteneinsichtsrecht zu erwarten.

Die Modifizierung der Fusionskontrolle habe eine stärkere Fokussierung und Entlastung des Bundeskartellamtes zum Ziel. Dazu sei geplant, die zweite Inlandumsatzschwelle anzuheben. Außerdem stünden Änderungen in Bezug auf die Bewertung von Sukzessiverwerben sowie in Bezug auf die Bagatellmarktklausel im Raum. Von einem spezifischen Untersagungstatbestand für das strategische Aufkaufen von Startups werde aber wohl abgesehen, da noch nicht genügend ökonomische Erfahrungen vorlägen, um eine entsprechende Regelung zu erlassen.

Schließlich stellte *Fülling* die Kommission Wettbewerbsrecht 4.0 vor. Hierbei handele es sich um eine von der Bundesregierung eingesetzte Expertenkommission, die sich grundlegenden wettbewerbspolitischen Fragen widme und bis September 2019 konkrete Handlungsempfehlungen für die Bundesregierung vorbereite. Sie nehme dabei eine langfristige Perspektive ein und lege den Fokus auf die europäische Ebene und deren Verbindung mit den deutschen Reformanstrengungen.

VI. Europäisierung des Bußgeldverfahrens: ECN+ und die 10. GWB-Novelle

Im Anschluss setzt sich *Prof. Dr. Ost*, Vizepräsident des Bundeskartellamts, mit der ECN+-Richtlinie[4] auseinander. Durch die ECN+-Richtlinie solle die Durchsetzung der Wettbewerbsvorschriften EU-weit harmonisiert und gestärkt werden. Dazu sollten von den Mitgliedstaaten Anpassungen etwa hinsichtlich der Unabhängigkeit der Wettbewerbsbehörden, ihrer Untersuchungs- und Entscheidungsbefugnisse sowie ihrer Stellung im gerichtlichen Verfahren vorgenommen werden. Daneben solle die Verhängung wirksamer Geldbußen und Zwangsgelder sowie die Ausgestaltung von Kronzeugenprogrammen vereinheitlicht werden.

Für Deutschland bestehe insbesondere hinsichtlich der Ermittlungsbefugnisse der Wettbewerbsbehörden Umsetzungsbedarf. Gemäß der ECN+-Richtlinie sollten Unternehmen in stärkerem Maße zur aktiven Mitwirkung bei der Aufklärung von Kartell- und Missbrauchsverstößen verpflichtet werden. Bei der Umsetzung sei dabei der Nemo Tenetur-Grundsatz besonders zu beachten. Ein Problem ergebe sich aus den unterschiedlichen Sanktionsadressaten. Im europäischen Recht seien dies regelmäßig Unternehmen, während das deutsche Kartellsanktionenrecht in erster Linie an das Verhalten natürlicher Personen anknüpfe. Um die neue Regelung mit der Selbstbelastungsfreiheit natürlicher Personen in Einklang zu bringen, wäre denkbar, dass die gewonnenen Informationen nur gegen Unternehmen, nicht aber gegen natürliche Person verwendet werden dürften.

Im Übrigen sei der deutsche Gesetzgeber mit Blick auf Reformen des Sanktionenrechts schon im Rahmen der 9. Novelle aktiv geworden, indem er die sog. Wurstlücke geschlossen habe, so dass diesbezüglich nur geringer Umsetzungsbedarf bestehe.

Daneben müsse im Rahmen der Novelle auch die Stellung des Bundeskartellamts im gerichtlichen Verfahren angepasst werden. Keinen oder nur geringen Umsetzungsbedarf sieht *Ost* hingegen hinsichtlich der Unabhängigkeit und der Entscheidungsbefugnisse des Bundeskartellamts.

---

4 Richtlinie 2019/1 des Europäischen Parlaments und des Rates vom 11.12.2018 zur Stärkung der Wettbewerbsbehörden der Mitgliedstaaten im Hinblick auf eine wirksamere Durchsetzung der Wettbewerbsvorschriften und zur Gewährleistung des reibungslosen Funktionierens des Binnenmarktes.

VII. *Schutz von Nutzerdaten durch Missbrauchskontrolle – das Bundeskartellamt als Datenschutzbehörde?*

Im abschließenden Vortrag der Tagung rückt die Digitalisierung nochmals in den Fokus. Darin richtet *Herr Schwedler*, Rechtsanwalt der Kanzlei WilmerHale, den Blick auf den Schutz von Nutzerdaten durch die Missbrauchskontrolle.

Ausgangspunkt seiner Analyse ist der Facebook-Beschluss des Bundeskartellamts.[5] Darin ordnet das Bundeskartellamt die Verwendung von AGB, welche die Erhebung und Verwertung der Daten von Drittunternehmen erlauben, als missbräuchliche Ausnutzung der Marktmacht von Facebook ein. Die Nutzung dieser Konditionen wurde untersagt und die Zulässigkeit zukünftiger Datenverarbeitung vom Vorliegen einer wirksamen Einwilligung abhängig gemacht.

Nach Ansicht *Schwedlers* hat das Bundeskartellamt mit diesem Beschluss den Missbrauchstatbestand und seine Kompetenzen überdehnt. Er stellt zunächst die Zuständigkeit des Bundeskartellamts in Frage. Der Beschluss des Bundeskartellamts betreffe Regelungen, die in den sachlichen Anwendungsbereich der DSGVO fielen. Die DSGVO regele die Zuständigkeit für ihre behördliche Durchsetzung abschließend und habe vollharmonisierenden Charakter. Danach seien allein unabhängige Datenschutzbehörden zuständig und ein Tätigwerden des Bundeskartellamts ausgeschlossen. Auch aus rechtspolitischen Erwägungen ergebe sich nichts anderes, denn seit Inkrafttreten der DSGVO sei von einem „underenforcement" seitens der Datenschutzbehörden nicht mehr auszugehen.

Darüber hinaus kritisiert *Schwedler* auch den Umfang der Kartellamtsverfügung. Diese gehe weit über eine reine Abstellung hinaus. Es würden nicht nur Konditionen bezüglich der aktuellen Datenverarbeitung verboten, sondern auch Vorgaben für die Rechtmäßigkeit zukünftiger Datenverarbeitung gemacht. Indem das Bundeskartellamt dem Unternehmen die Datenverarbeitung effektiv nur noch mit Einwilligung erlaube, würden die sechs Rechtmäßigkeitsgründe des Art. 6 Abs. 1 DSGVO unzulässiger Weise auf einen Fall (lit. a) verkürzt.

In der abschließenden Diskussion bezweifelt *Prof. Ost* vom Bundeskartellamt den abschließenden Charakter des Datenschutzrechtes in der Weise, dass sich Wettbewerbsbehörden nicht damit befassen dürften. Auch unter Hinweis auf die 10. GWB-Novelle, dem Digitalisierungsgesetz, das sich unter anderem mit der wachsenden Bedeutung von Daten auseinanderset-

---

5 *BKartA*, Beschl. v. 6.2.2019, Az. B6-22/16 – *Facebook*.

ze, sei es unzutreffend, dass nur noch Datenschutzbehörden für Daten zuständig seien.

Autorenverzeichnis

Prof. Dr. Torsten Körber, LL.M. (Berkeley)
Inhaber des Lehrstuhls für Bürgerliches Recht, Kartell- und Regulierungsrecht, Recht der digitalen Wirtschaft und des Instituts für Energiewirtschaftsrecht, Universität zu Köln
Anschrift: Albertus-Magnus-Platz, 50923 Köln
E-Mail: Koerber@ls-koerber.de

Prof. Dr. Dr. h.c. Ulrich Immenga
em. Professor an der Georg-August-Universität Göttingen
Anschrift: Platz der Göttinger Sieben 5, 37073 Göttingen
E-Mail: uimmeng@aol.com

Dr. Paul Wilhelm Fort
Senior Counsel bei der Bayer AG
Fachbereiche: Law, Patents & Compliance
Mergers & Acquisitions
Anschrift: Building Q 26, 1.000, 51368 Leverkusen
E-Mail: paul.fort@bayer.com

Prof. Dr. Wolfgang Weiß
Inhaber des Lehrstuhls für Öffentliches Recht, Europa- und Völkerrecht
Deutsche Universität für Verwaltungswissenschaften Speyer
Anschrift: Freiherr vom Stein Strasse 2, 67346 Speyer/FRG
E-Mail: weiss@uni-speyer.de

Dr. Daniel Fülling
Bundesministerium für Wirtschaft und Energie
Referat IB2 – Wettbewerbs- und Verbraucherpolitik, wettbewerbspolitische Grundsatzfragen der Digitalisierung
Anschrift: Alt-Moabit 101 d, 10559 Berlin
E-Mail: daniel.fuelling@bmwi.bund.de

Christian Schwedler
Counsel im Bereich Öffentliches Wirtschaftsrecht und Regulierungsrecht, WilmerHale
Anschrift: WilmerHale Frankfurt, Ulmenstraße 37-39, 60325 Frankfurt am Main
E-Mail: Christian.Schwedler@wilmerhale.com

Charlotte Hasselhorn
Wissenschaftliche Mitarbeiterin am Lehrstuhl für Bürgerliches Recht, Kartell- und Regulierungsrecht, Recht der digitalen Wirtschaft, Universität zu Köln
Anschrift: Albertus-Magnus-Platz, 50923 Köln
E-Mail: Hasselhorn@ls-koerber.de

Zeitfracht Medien GmbH
Ferdinand-Jühlke-Straße 7
99095 Erfurt, Deutschland
produktsicherheit@kolibri360.de